Sous hypnose

J'AI LU

R.L. STINE

R.L. Stine est né en 1943, à Bexley, dans la banlieue de Columbus, Ohio. Fils aîné d'une famille modeste, il découvre une vieille machine dans son grenier et décide d'écrire son premier recueil d'histoires drôles. Diplômé de l'université d'Ohio, il part en 1967 pour New York dans l'espoir de s'y voir consacrer écrivain. Il sera d'abord rédacteur en chef du magazine humoristique pour enfants Bananas. *Un an plus tard, il y rencontre sa femme, Jane, avec qui il aura un fils, Matt.*
Il décide alors de se lancer dans un genre nouveau : les livres d'épouvante pour les jeunes. Il connaît un énorme succès et chacun de ses livres est un best-seller. Quand on lui demande d'où lui viennent ses idées, il répond s'inspirer du mode de vie et du langage de son fils, auxquels il mêle les frayeurs du petit garçon qu'il était. Il vit depuis plus de vingt ans à Manhattan où il écrit tous les jours dans son appartement près de Central Park.

R.L. Stine

Sous hypnose

Traduit de l'américain
par Paul Benita

Éditions J'ai lu

Titre original :
FEAR STREET *Super Chiller* – THE STEPBROTHER
The edition published by arrangement with the original publisher, Gold Key Paperback, Golden Books Publishing Company, Inc., New York

PROLOGUE

Un violent coup de tonnerre fit sursauter Sandra Craft. Retenant son souffle, elle suivit ses amies dans la chambre de Lise Calloway.

La pluie fouettait la fenêtre. Comme à son habitude, Jessy Wollman s'affala dans le fauteuil près du lit. Sandra lâcha son sac et alla se percher sur le bureau.

— J'ai tout rangé ce matin, alors ne commencez pas à fiche le bazar partout, marmonna Lise en tirant les rideaux devant la vitre zébrée d'éclairs.

Sandra ne put s'empêcher de sourire. Lise était une maniaque de la propreté et du rangement ! Et c'était toujours chez elle qu'elles atterrissaient après les cours...

— Attendez ! s'exclama Mallory Stevens, qui s'était mis en devoir de vider son sac à dos, répandant livres, cahiers et feuilles volantes un peu partout.

— Hé... arrête ! protesta Lise. Ramasse tes trucs !

Mallory l'ignora.

— Ah, le voilà !

Ayant finalement mis la main sur un livre en piteux état, elle le brandit sous leur nez.

— Le voilà quoi ? demanda Sandra en tentant de déchiffrer le titre inscrit sur la couverture noire.

Un nouveau coup de tonnerre ébranla les carreaux.

— C'est un bouquin sur l'hypnose, expliqua Mallory.

— Encore ? Oh non ! pas ça, gémit Lise. Lâche-nous un peu, Mallory.

— Je l'ai lu, expliqua celle-ci en feuilletant les pages écornées. Et je me suis entraînée.

— Et maintenant, tu veux essayer sur nous, c'est ça ? demanda Jessy. Pas question !

— Ça risque d'être drôle, insista Mallory. Et puis, on n'a rien de mieux à faire pour le moment, non ?

Sandra n'était pas surprise. À peu près une fois par semaine, Mallory s'excitait sur un nouveau sujet. Huit jours plus tôt, c'étaient les tarots.

— L'hypnose peut être dangereuse, répliqua Jessy gravement. Ce n'est pas un jeu, Mallory. On ne s'amuse pas avec l'esprit des gens.

Celle-ci eut une grimace d'agacement.

— Écoute, je te promets que je ferai attention, d'accord ? D'ailleurs, ça ne marchera probablement pas. Je veux juste qu'on essaie comme ça, pour voir.

Elle se tourna vers Sandra.

— Qu'en penses-tu ?

Sandra haussa les épaules. Dehors, il tombait des cordes.

— Pourquoi pas ? C'est ça ou regarder la télé.

— On ne devrait pas, s'obstina Jessy, réticente. Ce n'est pas un jeu.

— Quelle trouillarde, maugréa Mallory.

Les joues de Jessy rosirent.

— Allez, les filles ! reprit Mallory en s'installant en tailleur sur la descente de lit tout en feuilletant le livre. Qui veut passer la première ?

— Pas moi, murmura Jessy en repoussant ses longs cheveux châtains. Je préfère regarder.

Au fond, Jessy n'apprécie pas trop les lubies de Mallory, songea Sandra. Elle est plus timide qu'elle ne le laisse paraître, et Mallory doit lui faire un peu peur.

Mallory haussa un sourcil en se tournant vers Lise, qui se tenait toujours près de la fenêtre.

— Et toi ?

Lise hocha la tête.

— Ouais, d'accord. Je passe la première.

Elle s'agenouilla près de Mallory, tout en adressant un clin d'œil à Sandra.

Celle-ci sourit à son tour. Oui, après tout, ça risquait d'être drôle.

— Bon. Qu'est-ce que je dois faire ?

Mallory s'éclaircit la gorge. Remontant ses lunettes sur son nez, elle consulta le livre, le front plissé par la concentration.

Sandra gloussa. Mallory prenait ces trucs tellement à cœur. Même si elle faisait semblant de ne pas y attacher d'importance, elle souhaitait sans doute vraiment que ça marche.

Mallory était sa meilleure amie depuis l'école primaire. Mais, sous bien des rapports, elles étaient l'opposée l'une de l'autre.

Mallory était sérieuse, passionnée et superstitieuse. Elle avait toujours le nez fourré dans des bouquins bizarres. Elle commençait souvent ses histoires par cette phrase : « Je sais que vous n'allez pas le croire mais j'ai lu quelque part... »

Sandra, elle, préférait *faire* des choses plutôt que lire ce qu'on avait écrit sur ces choses. Selon elle, la vie était d'abord une question d'expérience. Il fallait s'amuser. Ou essayer. Elle admirait Mallory d'être aussi curieuse mais elle n'avait aucune envie de lui ressembler.

Même physiquement, elles étaient à l'opposé.

Mallory était petite et menue, avec des cheveux blonds coupés court. Elle avait la peau lisse et blanche, le genre de peau qui brûle après cinq minutes passées au soleil.

Sandra, elle, n'attrapait jamais le moindre coup de soleil. Elle était toujours bronzée et ses longs cheveux blonds cascadaient dans son dos.

— Tu devrais être mannequin pour une de ces pubs de maillots de bain, lui disait souvent Mallory. Tout ce que tu aurais à faire, c'est t'allonger sur une plage et attendre qu'ils t'enterrent sous des montagnes de billets.

Sandra n'attachait pas trop d'importance à ces compliments, mais elle savait qu'elle était jolie. Et elle n'était pas timide, contrairement à Mallory. Elle n'avait jamais compris pourquoi celle-ci cachait ses yeux bleus derrière des lunettes. À sa place, elle aurait porté des lentilles de contact.

— Maintenant, détends-toi, Lise, ordonna Mallory.

— Tu veux que je ferme les yeux ou quelque chose comme ça ?

Mallory lui fit signe que c'était inutile. Elle leva un index, tenant le livre de son autre main.

— Regarde mon doigt. Ne le quitte pas des yeux.

Elle le fit osciller lentement, d'avant en arrière, d'avant en arrière...

Les lèvres de Lise s'entrouvrirent. Son visage prit une expression étrange, son regard devint vitreux.

Sandra fronça les sourcils. Ce truc d'hypnose n'allait quand même pas réussir !

— Je vais compter à rebours à partir de dix, dit Mallory dans un murmure.

Lise hocha la tête. Sa bouche s'ouvrit. Ses yeux roulèrent dans leurs orbites.

Elle avait l'air complètement ridicule. Sandra éclata de rire.

— Sandra ! aboya Mallory.

Lise ne put retenir plus longtemps un gloussement.

— Désolée, désolée, articula-t-elle en se tordant de rire. On recommence. Je te promets que je vais être sérieuse.

Sandra respira un bon coup.

— Vas-y, Mallory. On est désolées. Essaie encore.

Jessy soupira.

— Ça ne marchera pas.

Mallory la foudroya du regard.

— Forcément, si tout le monde fait tout pour que ça ne marche pas...

Elle baissa les yeux vers le livre.

— Allez, arrêtez un peu vos bêtises. Vous imaginez si ça réussit ?

Sandra se mordit la langue. *Ne ris pas.* Le menton de Mallory frémissait, comme chaque fois qu'elle était en colère.

— Regarde mon doigt. Suis-le, ne le quitte pas des yeux...

Le regard de Lise se riva au doigt de Mallory. À nouveau, son visage se vida de toute expression.

— Je vais commencer le compte à rebours, dit Mallory d'une

voix douce mais ferme. Dix... neuf... huit... tu commences à te détendre. Sept... six... cinq... tes yeux se ferment.

Les paupières de Lise papillotèrent puis s'abaissèrent.

— Quand j'arriverai à un, tu plongeras dans un profond sommeil. Est-ce que tu me comprends ?

Lise hocha très doucement la tête.

— Oui, murmura-t-elle à son tour.

Sandra la scrutait avec attention. Elle faisait semblant, non ? Elle n'était quand même pas en transe ?

— Quatre... trois... deux... un, compta Mallory. Tu dors. Tu te sens très bien. Tu flottes sur un nuage tout doux. Mais tu entends chacun des mots que je prononce.

Lise acquiesça.

— Oui.

Sandra lança un regard interrogateur à Jessy.

Celle-ci haussa les épaules, visiblement perplexe.

— Maintenant, je vais te poser quelques questions, dit doucement Mallory.

— Attends, la coupa Lise, les yeux toujours clos, les lèvres pincées. Est-ce que ton nuage s'arrête à Oak Street ? J'ai envie de descendre !

Lise ouvrit les yeux et éclata de rire.

Sandra et Jessy l'imitèrent.

Mallory lâcha un cri de frustration et de dépit, avant de jeter son livre par terre.

— Ha ! ha ! ha ! Qu'est-ce que c'est drôle ! Vous savez, les filles, vous n'êtes pas marrantes.

— Mallory, on regrette, dit vivement Sandra. Vraiment.

Elle ramassa le livre et le lui tendit.

— C'est juste que Lise n'a aucun talent pour ça. Elle ne sait pas flotter sur les nuages. Elle a le mal de l'air.

Lise et Jessy gloussèrent de plus belle. Mallory leur jeta un regard noir.

— Hypnotise-moi, ajouta Sandra. Je te promets que je ne rirai pas.

— C'est ça, grommela Mallory.

— Mais puisque je te *promets* d'être sérieuse, insista Sandra.

Mallory leva la tête. Leurs regards se croisèrent.

— D'accord, soupira-t-elle finalement.

Elle feuilleta le livre jusqu'à ce qu'elle trouve la bonne page. Les éclairs et le tonnerre redoublaient d'intensité dehors. Le sol de la chambre à coucher tremblait à chaque déflagration.

— Tu sais ce qu'il faut faire, marmonna Mallory.

Hochant la tête, Sandra serra les dents, bien décidée à coopérer. Elle ne voulait pas vexer son amie plus qu'elle ne l'était déjà.

La foudre lézarda le ciel, éclaboussant la pièce d'une brève et intense lumière blanche à travers les rideaux.

— Dix... neuf... huit... tes paupières deviennent lourdes, murmura Mallory.

Son index flottait bizarrement entre chaque éclair.

Sandra cligna des paupières. Elle avait *vraiment* sommeil.

Ce doit être le crépitement de la pluie, se dit-elle, ou alors la voix de Mallory.

— Sept... six... cinq...

Un étrange brouillard enveloppa Sandra. Elle savait qu'elle était assise sur le sol de la chambre à coucher de Lise, mais elle se sentait soudain très loin. Elle était comme perdue... flottant...

Et il n'y avait que la voix de Mallory. Si douce... si insistante.

— Trois... deux...

Les ténèbres.

Sandra prit alors conscience d'un autre bruit. Faible... mais proche. On aurait dit... une fille qui hurlait ?

Oui. C'était bien une fille dont la voix lui était familière.

Sandra tendit l'oreille.

— Qu'elle arrête ! entendit-elle la fille crier. Qu'elle arrête !

Un frisson de peur lui parcourut la nuque. *Qui* devait arrêter ?

Son cœur cognait. Les ténèbres tournoyaient autour d'elle, lourdes et impénétrables.

Réveille-toi ! s'ordonna-t-elle. Réveille-toi !

— S'il te plaît, arrête ! sanglota la fille.

Et tout à coup, Sandra sut qui hurlait ainsi. Qui hurlait de terreur.

C'était *elle*.

1

Sandra tripotait ses spaghettis du bout de sa fourchette. Elle n'avait aucune envie de revenir sur ce qui s'était passé la veille, dans la chambre de Lise.

À quoi bon? Elle ne se souvenait plus de grand-chose de toute manière.

Mais Mallory, Lise et Jessy ne l'entendaient pas de cette oreille.

— Quel est ton dernier souvenir avant que tu ne te sois mise à hurler? demanda Mallory.

Elle était penchée au-dessus de la table afin de se faire entendre malgré le vacarme qui régnait dans la cafétéria du lycée de Shadyside.

Sandra haussa les épaules.

— Je te l'ai déjà dit. Tout est devenu noir et puis quelqu'un s'est mis à hurler. Il m'a fallu un moment avant de comprendre que c'était moi.

Elle enroula une pâte solitaire autour de sa fourchette.

— Rien d'autre?

— Eh bien, il y avait peut-être quelque chose...

Sandra avait soudain très chaud.

— Oh, je ne sais pas! conclut-elle avec un soupir.

— Allez, Sandra, la pressa Mallory. Qu'est-ce que c'était? Dis-le!

Sandra baissa les yeux.

— Eh bien, pendant une seconde, avant que je me réveille, j'ai eu une impression très bizarre. Je... j'ai cru que j'étais prisonnière dans un bâtiment en feu. Je veux dire, c'était comme si j'étais vraiment en train de brûler. Tu t'es déjà cramé la langue avec un truc bouillant ? Eh bien, c'était ça mais en cent fois pire. C'était tout mon corps qui brûlait.

Sandra secoua la tête comme pour chasser ce souvenir.

— La douleur, c'était... je n'ai jamais rien éprouvé de pareil. Et...

Sa voix l'abandonna.

— Et alors ? demanda Jessy, qui n'osait plus mordre dans son sandwich.

Sandra hésita.

— J'avais l'impression que je n'étais pas seule. Quelqu'un était pris au piège avec moi. Je ne sais pas qui.

Elle dévisagea ses amies.

— C'est drôle, hein ?

Aucune d'entre elles ne répondit. « Drôle » n'était pas le mot. Elles échangèrent des regards anxieux.

Sandra déglutit péniblement. Elle connaissait Mallory : quand elle ouvrait de grands yeux comme ça, elle avait quelque chose à cacher.

— Tu ne te souviens pas d'avoir dit quelque chose ? demanda Jessy.

— Non, répondit-elle en fronçant les sourcils. Pourquoi ?

Jessy parut hésiter.

— On ne savait pas trop si on devait te le dire ou pas. Mais juste avant de te réveiller, tu n'arrêtais pas de crier quelque chose comme : « On va mourir ! On va mourir ! »

— Tu te moques de moi ? fit Sandra, ébahie.

— Bon, assez, ça suffit pour aujourd'hui, intervint Lise. On oublie l'hypnose. Ça commence à me flanquer la trouille. On change de sujet, d'accord ?

Sandra opina en se forçant à sourire. Elle était tout à fait d'accord.

— Si vous voulez, murmura Mallory. De quoi on parle alors ?

Lise sourit.

— Et pourquoi pas de l'anniversaire de Sandra ? Elle va avoir dix-sept ans la semaine prochaine et on n'a toujours pas décidé de ce qu'on va faire pour fêter ça. Je ne sais pas pour vous, les filles, mais moi, je veux faire en sorte qu'elle ne l'oublie pas de sitôt.

***

— Bonne journée ? demanda Zach Ramsey.

Sandra se laissa aller contre le dossier du coupé rouge qui quittait le parking de l'école.

Oui, maintenant que je suis avec toi, pensa-t-elle. Ses yeux se posèrent sur son profil. Il avait la mâchoire carrée, le nez droit, les lèvres pleines... et surtout, de superbes yeux sombres aux lourdes paupières.

— Alors ? insista-t-il.

— Ça a été, murmura-t-elle.

Ses yeux merveilleux se plissèrent tandis qu'il se tournait vers elle.

— Tu es sûre ?

Sandra haussa les épaules.

— Mais oui !

Il retrouva son sourire.

— À quoi tu penses ?

Elle aurait eu envie de répondre : « À toi. » Mais ce n'était pas à Zach qu'elle pensait. Elle n'arrivait pas à effacer de son esprit ce que Jessy lui avait dit au cours du déjeuner.

On va mourir ! On va mourir !...

Ai-je vraiment crié ça ? se demanda-t-elle avant de se secouer.

— Je me disais que je ferais mieux d'être plus souvent avec toi plutôt que d'aller tous les après-midi chez Lise.

— Je suis assez d'accord, répliqua Zach.

Sandra se tourna vers la vitre et les arbres qui défilaient dans Shadyside Park. Elle était sincère. Elle *devrait* passer plus de temps avec Zach plutôt qu'avec ses trois amies.

Mais souvent, elle se sentait coupable. Elle était la seule des quatre qui sortait avec un garçon.

— Sandra, qu'est-ce qui se passe ? demanda-t-il. J'ai l'impression que quelque chose ne va pas.

— Ce n'est rien, marmonna-t-elle. C'est juste qu'hier, chez Lise, on a joué à s'hypnotiser. C'est un peu idiot, je sais. Mais Mallory avait apporté un vieux livre et je lui ai servi de cobaye.

Elle haussa encore une fois les épaules, l'air faussement détaché.

— Je crois que ça m'a fichu un peu la frousse.

Zach fronça les sourcils.

— Comment ça ?

— Eh bien, en fait, ça a marché. Je suis vraiment tombée en transe. Et je me suis mise à hurler.

Elle n'avait pas prévu d'en parler à Zach. Mais soudain, les mots se bousculaient dans sa bouche.

— Je ne veux pas en faire tout un plat mais c'était vraiment effrayant : j'avais l'impression d'être prisonnière dans un immeuble en feu. Il y avait quelqu'un avec moi. C'était bizarre.

Zach émit un petit sifflement.

— Ouais, on dirait.

Avec un soupir, Sandra posa la main sur son genou.

— Non, vraiment, Zach, ce n'était pas grand-chose. Je ne sais même pas pourquoi je t'en parle.

— Et maintenant, ça va ? demanda-t-il en l'examinant du coin de l'œil.

— Oui, très bien.

Son regard tomba sur ses mains. Il serrait le volant si fort que ses phalanges avaient blanchi.

Waouh, il s'inquiète vraiment pour moi !

— Écoute, Zach, je vais très bien, assura-t-elle. Oublions ça, d'accord ?

Il hocha la tête.

— Si tu veux.

Ils roulèrent en silence pendant un petit moment jusqu'à ce qu'ils arrivent devant la modeste maison de Sandra.

— Merci de m'avoir raccompagnée.

Il se tourna vers elle et lui décocha un sourire charmeur.

— C'est quand tu veux.

Ils s'embrassèrent longuement sur les lèvres. Pour la première fois depuis qu'elle avait quitté la maison de Lise, la veille, elle se sentait en paix. Complètement.

Ils s'écartèrent l'un de l'autre.

Sandra posa une main hésitante sur la poignée de la portière. Elle n'avait pas envie de le quitter. Pas encore.

— Je te raccompagne à la porte ? proposa-t-il, comme s'il avait lu dans ses pensées.

— Si tu veux.

Ils sortirent de la voiture. Sandra attendit qu'il en fasse le tour et glissa le bras autour de sa taille. Ils marchèrent jusqu'au porche.

— Tu ne veux pas rester dîner ? demanda-t-elle.

Il sourit.

— Dîner ? Pourquoi pas ?

— Super.

Elle ouvrit la porte et... sursauta violemment.

2

— Éric ! s'exclama-t-elle.
— Quoi ?
Le jeune garçon semblait perplexe.
— Je t'ai fait peur ou quoi ? Tu ne t'en souviens peut-être pas, mais *j'habite* ici.
Sandra avait déjà retrouvé son sang-froid.
— Euh... oui. Excuse-moi.
Éric Martin et son père avaient emménagé la semaine précédente. Sandra ne s'était pas encore habituée à leur présence dans la maison et elle n'était pas particulièrement ravie, non plus, de se retrouver soudain avec un beau-père et un « frère ».
— Quoi de neuf ? demanda Éric en dévisageant Zach avec méfiance.
— Pas grand-chose, marmonna celui-ci en contemplant le sol.
Le regard de Sandra passa de l'un à l'autre. Dans le silence gêné qui suivit, elle fut frappée par leur ressemblance : tous deux avaient de grands yeux sombres, des cheveux noirs ondulés, une silhouette mince mais musclée.
Éric n'était pas vilain du tout. Si seulement il voulait bien sourire de temps en temps ! Il avait toujours l'air triste ou en colère.
— Tu sais, annonça Zach, je crois que je ne vais pas rester dîner ce soir.
Il adressa un bref sourire à Sandra.
— Je vais vous laisser faire mieux connaissance, Éric et toi.

Et puis, je viens de me rappeler... Il faut que je travaille au garage, ce soir.

— Non ! s'écria Sandra en l'agrippant par le bras.

Étonnés par sa réaction, les deux garçons la fixèrent.

Elle esquissa un sourire gêné.

— Je veux dire... tu ne pourrais pas travailler après dîner ?

— Non, vraiment, je ne peux pas, répondit-il, les yeux posés sur la main de Sandra.

Elle se rendit compte qu'elle le serrait de toutes ses forces. Elle le lâcha. Mais que lui arrivait-il donc ?

Elle ne voulait pas que Zach s'en aille. Elle n'avait aucune envie de rester seule avec Éric pour le moment.

Zach s'éclaircit la gorge.

— Sandra ? Je crois que je vais y aller...

Elle avala péniblement sa salive en se demandant encore une fois pourquoi elle se comportait de la sorte. Du coin de l'œil, elle aperçut Éric. Il était écarlate.

Génial, se dit-elle. Je les ai mis dans l'embarras tous les deux. Mais je ne veux pas que Zach s'en aille.

— On se voit demain au lycée, d'accord ? marmonna celui-ci.

Avant qu'elle ne puisse répondre, il avait tourné les talons.

***

— Sandra ?

Éric frappait à la porte de sa chambre.

— Je peux entrer ?

Sandra soupira et baissa la radio. Elle referma son livre.

Que voulait-il ? Après dîner, elle aimait rester seule dans sa chambre, à lire et à écouter de la musique.

La porte s'ouvrit. Éric restait sur le seuil, hésitant.

— Entre, dit Sandra aussi amicalement qu'elle le put. Assieds-toi, ajouta-t-elle en montrant la chaise de son bureau.

— Merci.

Il se laissa tomber sur le siège avec un sourire.

Sandra étudia un instant son visage. C'était étrange. Dans la lumière douce de sa lampe de bureau, Éric semblait plus... gentil. En fait, pour la première fois, elle se rendit compte qu'il souriait.

— Ça fait drôle, hein? commença-t-il. Je veux dire, de dîner ensemble comme ça. C'était presque comme si on formait une famille.

Sandra acquiesça.

— Oui.

— Ta mère cuisine drôlement bien, continua-t-il, souriant de plus belle. Je savais que j'allais me plaire ici.

— Merci. Les gâteaux de ton père n'étaient pas mal non plus.

Éric ricana.

— Il les a achetés chez un traiteur.

— Je sais. Je voulais juste être sympa.

— Et il s'est coupé le doigt en ouvrant le paquet. Tu n'as pas remarqué cette étrange couleur rouge sur les gâteaux?

Sandra éclata de rire. Donc, Éric pouvait avoir de l'humour. Mais il le montrait rarement. En général, il restait sur la réserve quand il était avec sa mère ou elle.

Elle ne pouvait pas le lui reprocher. Après tout, il venait d'emménager dans une nouvelle maison pour y vivre avec des gens qu'il connaissait à peine. À sa place, elle aurait aussi sûrement eu du mal à se sentir tout à fait à l'aise.

— Hé!... à propos de nourriture, comment est la bouffe au lycée? demanda-t-il. On vient juste de me confirmer mon inscription. Je commence officiellement demain.

Sandra fronça les sourcils.

— Euh... comment dire? Comment était la bouffe dans ton ancien lycée?

— À peine comestible, répondit-il. Dans certains cas, mortelle.

Sandy hocha la tête.

— Hon-hon. Eh bien, à Shadyside, c'est presque aussi bon.

— Génial, gémit-il.

— Viens me retrouver à la cafétéria, je te présenterai des amies.

Le visage d'Éric s'illumina. Il se redressa sur sa chaise.

— Vraiment ? Je veux dire... ce serait très sympa de ta part.

— Pas de problème. Et puis, je te ferai visiter le lycée demain matin pour que tu ne sois pas trop perdu avant d'aller en cours.

Il secoua la tête.

— Waouh ! merci. Je savais que de me retrouver avec une... « sœur » de mon âge pouvait présenter quelques avantages. Si, en plus, tu acceptes de me couvrir quand je sécherai les cours...

— Hé là, doucement ! Faut pas rêver.

— Non, mais sérieusement... j'apprécie vraiment ce que tu fais pour moi.

Il se leva.

— Ça va être plus facile si tu me donnes un coup de main.

Sandra haussa les épaules.

— Pas de problème.

L'espace d'un instant, ses yeux sombres la détaillèrent.

— Bon, je vais te laisser, murmura-t-il. Bonne nuit.

— Bonne nuit.

Après un petit signe de la main, il referma la porte derrière lui.

Sandra se rallongea dans son lit et se mit à chanter doucement « *And you are forever mine* ». L'air tourbillonnait dans sa tête : elle avait dû l'entendre à la radio juste avant la venue d'Éric. « *Until the end of time...* »

***

Sandra réprima un bâillement. Elle était penchée sur ses devoirs depuis une éternité.

Quelle heure était-il au fait ?

Les yeux plissés, elle jeta un coup d'œil à son réveil mais, dans la pénombre, elle ne distinguait pas les aiguilles. Il faisait nuit. Seul son bureau baignait dans une petite flaque de lumière.

Je devrais me coucher. Je suis trop fatiguée pour continuer à travailler.

S'abandonnant à sa lassitude, elle ferma les yeux et s'étira.

« Aïe ! »

Un de ses bras avait accidentellement heurté la lampe.

Pendant une fraction de seconde, la lampe hésita sur le rebord de la table. Puis elle s'écrasa à terre... et s'embrasa.

« Non ! » s'exclama Sandra, affolée.

Ne panique pas, s'ordonna-t-elle. Réfléchis ! Il faut éteindre ça, étouffer les flammes.

Le feu léchait déjà les pieds du bureau. Elle sentait la chaleur sur sa peau.

Réfléchis !

Les flammes crépitaient, filant sur le sol, l'encerclant, lui effleurant les chevilles.

Sandra se figea, incapable de bouger. Incapable d'appeler à l'aide.

Le feu bondissait vers elle à présent. Horrifiée, elle regardait les flammes danser devant ses yeux.

Une étrange odeur lui parvint.

Une odeur de chair grillée.

Sa chair !

La douleur, la douleur abominable... comme elle n'en avait jamais connu. Des milliers de couteaux qui lui fouillaient les chairs.

Oohhhhh !.... La douleur...

Désespérément, Sandra tenta une nouvelle fois de hurler.

Mais aucun son ne sortit de sa bouche.

Sa peau... Elle se détachait en lambeaux à présent. Ses os apparaissaient sous la chair calcinée.

Les flammes dansaient la sarabande sur elle.

Elle était en train de fondre... de fondre...

3

— Sandra ! Sandra ! Réveille-toi !

Elle cligna des paupières. Quelqu'un la secouait. Des mains fortes, puissantes.

— Sandra... s'il te plaît, réveille-toi !

Petit à petit, les formes floues qui l'entouraient devinrent plus nettes. Un visage apparut.

— Éric ? croassa-t-elle.

Il était penché sur elle, les traits crispés par l'inquiétude.

— Tu es réveillée ? demanda-t-il d'une voix mal assurée.

Elle hocha la tête, jetant un regard autour d'elle. Sa chambre ne brûlait pas. Elle n'était pas assise à son bureau mais simplement allongée sur son lit... exactement comme quand Éric l'avait quittée. La radio jouait en sourdine.

— Un cauchemar, souffla-t-elle.

Éric hocha la tête. S'accrochant à lui, elle se redressa dans le lit, essayant de chasser de son esprit les images terrifiantes de son rêve.

— C'était horrible, murmura-t-elle en pressant son visage contre l'épaule d'Éric. J'étais assise à mon bureau et j'ai renversé la lampe. Et soudain, il y a eu des flammes partout et...

— Chut, fit-il d'une voix apaisante. Tout va bien maintenant.

— Je me voyais brûler. Je le *sentais*.

Elle frémit.

— C'était si bizarre. Ça semblait si réel. Comme quand...

Elle s'arrêta au milieu de sa phrase.

— Comme quand ? demanda Éric.

Sandra hésita. Elle avait été sur le point de dire : *Comme quand j'étais sous hypnose.* La douleur atroce, la chaleur insupportable... c'était exactement pareil.

Y avait-il un lien quelconque entre le rêve et la séance d'hypnose ? Elle n'avait jamais eu de cauchemar d'incendie avant ce soir. Elle n'avait d'ailleurs jamais eu de cauchemar aussi violent.

— Sandra ? insista Éric. Comme quand ?

Elle ne voulut pas lui répondre. Il devait déjà la trouver assez détraquée comme ça.

— Je ne sais pas, murmura-t-elle piteusement.

Il se redressa brusquement.

— Écoute, il vaut mieux que je te laisse. Il est tard.

Il gardait les yeux obstinément baissés.

Sandra rougit.

— Éric, je regrette de t'avoir dérangé...

— Ne t'inquiète pas pour ça.

Il était déjà à la porte qu'il referma doucement derrière lui.

***

— Alors, qu'est-ce que vous avez envie de faire après les cours ? demanda Lise en mordant dans son hamburger.

Sûrement pas de l'hypnose, se dit Sandra. Elle jeta un coup d'œil à Jessy et à Mallory.

Jessy haussa les épaules.

— Aller chez toi et piller ton frigo, répliqua-t-elle, hilare.

Lise leva les yeux au ciel.

— Très original, marmonna-t-elle, la bouche pleine. Mallory ?

— En fait, je comptais finir *La Lettre écarlate*, déclara celle-ci en se tournant vers Sandra. Tu l'as terminée ?

Sandra secoua la tête. Elle ne l'avait même pas commencée.

Mallory soupira.

— Tu n'as pas oublié la dissert...

Mais Sandra ne l'écoutait plus. Son regard errait dans la cafétéria. Toute la matinée, elle avait été incapable de se concentrer sur quoi que ce soit. Bon, elle avait une excuse : elle avait très mal dormi cette nuit. Après le cauchemar.

Éric !

Elle venait de le repérer dans la file d'attente au comptoir. Ses yeux sombres fouillaient la salle.

Leurs regards se croisèrent.

— Yo ! cria-t-il.

Sandra lui fit signe.

— Par ici !

— Qui est-ce ? murmura Mallory en le détaillant tandis qu'il se frayait un chemin vers elles parmi les tables.

— Le fils de mon beau-père.

— C'est *lui,* Éric ? s'exclama Mallory. Tu avais oublié de nous dire qu'il était aussi mignon...

— Chut !

Il arrivait.

— Salut, dit-il en adressant un regard timide aux trois autres filles.

— Ça va ? fit Sandra. Éric... Voici Mallory, Jessy et Lise.

— Salut Mallory, Jessy et Lise.

Mallory gloussa.

— Alors, c'est ton premier jour ici ? Ça se passe bien ?

Il sourit.

— Oh !... impec. La prof de littérature m'a engueulé parce que j'étais en retard. Puis le prof de maths a voulu me renvoyer parce qu'il pensait que je m'étais trompé de cours. À ce rythme-là, j'aurai de la chance si je suis encore ici à la fin de la semaine.

Mallory renversa la tête en arrière et laissa échapper un rire sonore.

Sandra fronça les sourcils. Pourquoi riait-elle autant ? C'était ridicule. D'accord, Éric était drôle, mais pas à ce point...

— Ne t'inquiète pas, plaisanta Lise. Ça ne peut qu'empirer.

Éric acquiesça mais ses yeux restaient fixés sur Mallory.

— Et si tu t'asseyais ? suggéra celle-ci. Fais comme chez toi, ajouta-t-elle en le dévisageant avec gourmandise par-dessus la monture de ses lunettes.

— Merci, murmura-t-il.

Il s'empara d'une chaise libre qu'il installa entre Mallory et Jessy. Il ne quittait toujours pas Mallory des yeux.

Sandra fronça les sourcils. Pourquoi s'intéressait-il autant à *elle* ? Elle n'était pas la seule à cette table. C'était plutôt grossier d'ignorer ainsi les autres. En particulier sa « sœur » qui avait quand même fait pas mal d'efforts pour se montrer sympa avec lui.

Oh là !

Sandra secoua la tête. Mais que lui arrivait-il ? Éric se faisait une nouvelle amie. Que cette nouvelle amie soit sa meilleure amie, c'était plutôt une bonne nouvelle. Sandra devrait être heureuse... pas jalouse. C'était tant mieux pour eux, non ?

— Tu fais du sport ? demanda Mallory. Tu penses t'inscrire dans une équipe ?

— Je n'y ai pas encore trop réfléchi, répondit Éric.

À nouveau, l'attention de Sandra s'égara. Son regard se perdit dans la cafétéria.

Tout à coup, elle tressaillit.

Zach était assis à une table à l'autre bout de la salle.

Seul.

La fixant droit dans les yeux.

Sandra se mordit la lèvre. Pourquoi n'était-il pas venu les rejoindre ?

Elle leva la main pour lui faire signe mais il détourna les yeux. Était-ce à cause d'Éric ? Elle n'avait pas oublié comment il s'était éclipsé, la veille, dès qu'il l'avait vu.

— Zach ! l'appela un garçon, probablement un de ses équipiers au foot. Zach ! Viens ici, mec !

Sandra se tordit le cou pour essayer de voir qui l'appelait mais, dans la foule, elle ne parvint pas à mettre un visage sur la voix.

Quand elle se tourna à nouveau vers Zach, il avait disparu.

***

Vingt minutes plus tard, Sandra faisait la queue à la bibliothèque, le dernier exemplaire disponible de *La Lettre écarlate* à la main. Heureusement que Mallory lui avait rappelé la dissertation.

— Salut, Sandra, lança amicalement la bibliothécaire, Mlle Halloran. Ça fait un moment que je ne t'ai pas vue.

Sandra posa le livre sur le comptoir.

— Oh, vous allez sûrement me voir un peu plus souvent maintenant ! grommela-t-elle. Avec les exams qui approchent.

Mlle Halloran gloussa.

— Vous dites tous ça.

Elle enleva une fiche du livre qu'elle redonna à Sandra.

— Au fait, j'ai rencontré Éric, ce matin. Il a l'air très gentil.

Sandra hocha la tête avant d'apposer à la hâte sa signature sur la fiche.

Mlle Halloran jeta un bref coup d'œil à la fiche et prit un air perplexe.

— Qu'y a-t-il ?

— Pourquoi signes-tu ainsi ?

Surprise et vexée, Sandra se demanda depuis quand Mlle Halloran s'arrogeait le droit de critiquer la signature des gens.

— Comment ça ?

Mlle Halloran lui montra la fiche.

Sandra plissa les paupières. Tout d'abord, elle ne remarqua rien d'anormal.

Attends.

Si. Il y avait bien quelque chose d'anormal.

Ce n'était pas possible...

C'était bien son écriture. Mais ce n'était pas son nom.

Elle avait signé *Penny Hansen.*

4

— Mallory ! appela Sandra, qui guettait son amie à la sortie de son cours de maths. Attends !

Mallory s'arrêta. Sandra la prit par le bras, l'entraînant vivement vers le distributeur d'eau, à l'écart des autres.

— Écoute, il faut que je te parle. C'est important.

Mallory la dévisagea.

— Tu vas bien ?

Autour d'elles, le couloir rempli d'élèves bourdonnait d'activité, d'énergie, de vitalité.

— Je n'en sais rien.

— Qu'est-ce qui se passe ?

— Je crois que je deviens folle, murmura Sandra. Je ne sais pas ce qui m'arrive...

— Hé, du calme ! Et si tu commençais par le commencement.

Sandra respira un bon coup.

— D'accord. Tu te rappelles, quand tu m'as hypnotisée, je me suis retrouvée dans un bâtiment en feu ?

Mallory opina.

— Ouais ?

— Hier soir, j'ai fait un cauchemar. Ma chambre était en feu. Mais le truc incroyable, c'est que ça semblait complètement réel. Je me sentais vraiment brûler vive.

Ce souvenir la fit frémir.

Mallory haussa les épaules.

— Tu te souvenais probablement de ce qui s'était passé pendant la séance d'hypnose...

— Attends, ce n'est pas tout, la coupa Sandra. Tout à l'heure, à la bibliothèque, j'ai signé pour prendre un livre... mais ce n'est pas mon nom que j'ai écrit. J'ai signé « Penny ».

— Tu connais une Penny ?

— Non. Pas que je sache.

Mallory fronça les sourcils.

Sandra se mordillait nerveusement les lèvres.

— Tu crois que cette histoire d'hypnose aurait pu me déranger la cervelle ?

— Non, bien sûr que non, murmura Mallory. Je pensais simplement à quelque chose. Mes parents ont une amie qui s'appelle Andrea. Elle habite dans Fear Street. Je pense que tu devrais aller la voir.

— Pourquoi ? demanda Sandra, inquiète. C'est une psy ?

Les sourcils de Mallory se dressèrent au-dessus de ses lunettes.

— Non. C'est une hypnotiseuse.

Sandra retint son souffle, attendant la chute de la blague. Mais Mallory se taisait. Et elle semblait très sérieuse.

— S'il te plaît, dis-moi que tu plaisantes, gémit Sandra.

— Écoute, Sandra, je sais que tu ne vas pas me croire mais...

Sandra leva les mains pour l'arrêter.

— C'est à cause de cette séance d'hypnose que je suis dans cette galère, et toi, tu me proposes de recommencer ?

— Si je te propose de voir Andrea, c'est parce que je pense qu'elle peut t'aider. Après tout, qu'est-ce que tu as à perdre ?

— La tête ! Voilà ce que j'ai à perdre ! répliqua Sandra, dont la voix montait dangereusement dans les aigus. Et si j'étais vraiment en train de devenir cinglée ? Et si j'avais vraiment besoin d'aller voir un psy ?

— Tu n'es *pas* en train de devenir cinglée. Fais-moi juste un peu confiance, d'accord ? Va voir Andrea. Tiens, je vais te donner son adresse.

Mallory sortit un cahier de son sac, en arracha une page et se mit à écrire.

Sandra se passa une main incertaine dans les cheveux. Une hypnotiseuse ? Pourvu que personne dans le couloir n'ait entendu leur conversation. D'un autre côté, Mallory avait peut-être raison. Sandra n'avait rien à perdre à voir cette Andrea. Et si elle pouvait l'aider...

— Hé... c'est toi qui parles toujours de tenter de nouvelles expériences, ajouta Mallory en lui tendant le bout de papier. Eh bien, ça, c'en est une, non ?

Sandra hésita. Là-dessus, aucun doute : consulter une hypnotiseuse était effectivement une expérience inédite.

— *Prends-le !* commanda Mallory.

— Ça va, ça va, grommela Sandra. Mais je ne te promets rien.

Elle lui arracha la feuille des mains.

Mallory haussa les épaules.

— C'est toi qui vois.

Entre ses doigts, le bout de papier semblait chaud. Sandra baissa les yeux, se demandant si c'était un effet de son imagination.

— Qu'y a-t-il ? demanda Mallory.

— Rien. Rien du tout.

⁂

Je vais être en retard.

Sandra sprinta dans le couloir. La dernière sonnerie avait retenti depuis cinq bonnes minutes... mais Mlle Walsh n'avait pas voulu les laisser partir. Elle tenait à finir son exposé.

Ou Dieu sait quoi ! Sandra n'avait aucune idée de ce qu'elle avait raconté, elle n'avait pas écouté un mot. Elle n'avait qu'une chose en tête : Zach. Elle lui avait promis d'assister à son entraînement de foot...

Il *ne supportait pas* quand elle était en retard.

Elle glissa sur le carrelage lisse pour prendre le virage. Il fallait qu'elle passe récupérer *La Lettre écarlate* dans son casier.

Zach comprendrait.

Elle grimpa les marches deux à deux. Elle y était presque...

— Penny ! chuchota quelqu'un.

La voix était juste derrière elle.

Elle se figea sur la dernière marche.
— Quoi ?
Puis elle se rappela. Elle ne s'appelait pas Penny.
Elle se retourna, les genoux tremblants. C'est alors qu'on la poussa.
Dans les escaliers.

5

Sandra hurla. Dans un ultime réflexe, elle tendit le bras vers la rampe.

Ses doigts se refermèrent sur le vide.

Soudain, une main lui agrippa l'épaule, la retenant fermement.

Elle fit volte-face.

— Éric ! s'écria-t-elle.

Il la tenait solidement, le regard inquiet, l'air tendu.

— Qu'est-ce que tu *fabriques* ? demanda-t-elle en se libérant avec violence. Pourquoi m'as-tu poussée ?

Il en resta bouche bée.

— Poussée ? Je t'ai *rattrapée.* Je t'ai vue courir dans l'escalier et soudain, tu as perdu l'équilibre. Si je n'avais pas été là, tu t'explosais la figure en bas. Je t'ai *empêchée* de tomber.

Sandra ne répondit pas. Elle tremblait encore de tous ses membres.

Mallory dévalait l'escalier, venant du troisième étage.

— Sandra, c'est toi ! Je pensais bien avoir reconnu ta voix. Qu'est-ce qui se passe ?

— Elle a failli tomber dans l'escalier, expliqua Éric. Heureusement, je l'ai rattrapée.

— Hein ? Oh, mince ! s'exclama Mallory en passant un bras autour des épaules de son amie. Ça va ?

Sandra hocha la tête.

— Je crois.

Elle plongea son regard dans les yeux sombres d'Éric.

— C'est toi qui m'as appelée ?

— Appelée? répéta-t-il, perplexe.
— Ouais, juste avant. Est-ce que tu m'as appelée? Je veux dire, m'as-tu appelée Penny?
— Penny? fit-il, de plus en plus étonné. Qui est Penny?
Sandra le fixait durement. Mentait-il?
— Écoute, Sandra, reprit-il. Tu es sûre que tu vas bien?
— Très bien, répliqua-t-elle d'une voix qui sonnait faux.
Il parut hésiter.
— Bon... alors, à tout à l'heure, à la maison.
Il s'élança dans l'escalier.
Encore secouée, Sandra se frotta les tempes avec la paume des mains pour essayer de retrouver ses esprits.
— Il est vraiment mignon, commenta Mallory en le suivant des yeux.
— Soit je suis complètement cinglée... soit il a menti.
— Menti? Il t'a sauvée. Tu es juste un peu sur les nerfs.
— Faut que j'y aille, annonça Sandra, la voix encore légèrement tremblante. Je dois voir Zach à l'entraînement et je suis déjà en retard.
— Ne te prends pas la tête avec cette Penny, lui conseilla Mallory. Ça va finir par te rendre malade.
— Ouais, tu as raison, acquiesça Sandra.
Mieux valait oublier toute cette histoire. C'était ce qu'il y avait de mieux à faire.

*
**

— Je n'arrive pas à me concentrer, déclara Sandra.
Mallory et elle lisaient, dans sa chambre, le lendemain de l'incident de l'escalier.
Refermant *La Lettre écarlate*, elle jeta le livre sur son lit avant de se laisser retomber sur l'oreiller. Le soleil de l'après-midi inondait la pièce, colorant les murs et le plafond d'une lumière dorée.
— Je laisse tomber. Je suis à cran.
Mallory abandonna sa lecture.
— C'est quoi, ton problème?

— Je n'en sais rien, fit Sandra. C'est juste que... ces derniers jours ont été si bizarres.

Mallory acquiesça.

— Tu sais... je continue à penser que tu devrais voir cette hypnotiseuse. Ça ne peut pas te faire de mal.

Sandra soupira.

— Je ne sais pas.

— Voilà ce qu'on va faire. Je vais venir avec toi chez elle.

Un coup sec retentit à la porte.

— C'est moi. Éric.

Mallory sourit.

— Dis-lui d'entrer, chuchota-t-elle.

— Entre, Éric.

Il poussa la porte.

— Je voulais juste savoir comment tu allais, expliqua-t-il. Je ne t'ai quasiment pas vue depuis hier. Je m'inquiétais.

— On parlait justement de toi, mentit Mallory. Entre, entre. Sandra est un peu paumée. Il lui arrive un tas de trucs bizarres. On envisage de consulter une hypnotiseuse.

Oh, génial, Mallory ! pensa Sandra en se sentant rougir. Vas-y, je t'en prie, raconte mes angoisses à la terre entière !

Elle aurait voulu ramper sous le lit et disparaître. Si Éric n'était pas encore tout à fait persuadé qu'elle était dingue, il venait d'en avoir la confirmation.

Il gloussa.

— Vous vous payez ma tête ?

— Pas du tout, répliqua Mallory, vexée. Pourquoi dis-tu ça ?

— Parce que l'hypnose, c'est de la blague. Cette soi-disant hypnotiseuse cherche simplement à vous arnaquer.

— L'hypnose est une discipline tout à fait respectable, s'indigna Mallory.

Éric ricana.

— Si tu le dis.

— On ne pourrait pas parler d'autre chose, si ça ne vous dérange pas ? intervint Sandra.

— Pas de problème, maugréa Éric, vexé à son tour. Je vous laisse. À plus tard.

— Bon, d'accord. Il n'est pas parfait à cent pour cent, déclara Mallory après son départ. Il a encore quelques préjugés sur l'hypnose. Mais il est quand même assez craquant.

— Comment peux-tu penser à ça alors que je suis en pleine crise ? explosa Sandra.

— Arrête de t'inquiéter, Sandra. Tout va bien.

Sandra considéra son amie avec incrédulité. Tout n'allait pas bien. Loin de là, même.

*
**

Ce soir-là, Mallory resta dîner... et passa tout le repas à draguer Éric. Celui-ci ne parut s'apercevoir de son manège qu'au dessert.

Et il répondit illico à ses avances. Il traîna même dans la cuisine pour les aider à faire la vaisselle. Consciente d'être de trop, Sandra quitta discrètement la pièce. Ils ne s'en rendirent même pas compte.

Assise en tailleur sur son lit, elle essaya de se concentrer sur le récit de Hawthorne jusqu'à ce que Mallory vienne la rejoindre, une bonne demi-heure plus tard.

— Je suis totalement amoureuse, annonça-t-elle, extatique.

— Tu es sûre ?

Mallory se percha au bout du lit.

— Bien sûr, pourquoi ?

— Je ne sais pas. Il est... bizarre. Zach ne l'aime pas trop.

— Zach est malade, affirma Mallory d'un ton sans réplique. Éric est vraiment génial.

— En tout cas, tu as l'air de lui plaire, observa Sandra.

Des étoiles dansèrent dans les yeux de Mallory.

— Ça serait super !

Elle ramassa son livre sur le bureau de Sandra.

— Je n'en ai vraiment pas envie mais il faut que je rentre. Il est presque 9 heures. Appelle-moi s'il te dit quelque chose sur moi, d'accord ?

Sandra éclata de rire et fit mine de la chasser d'un coup de pied dans le derrière.

— On se voit demain.

Elle passa les deux heures qui suivirent sur *La Lettre Écarlate.* Finalement, lorsqu'elle jeta un coup d'œil à son réveil, il était plus de 11 heures. Elle n'avait qu'une envie, éteindre et dormir. Mais elle avait encore plus de cinquante pages à lire. Peut-être que si elle mangeait un morceau...

Au bas de l'escalier, elle remarqua un rai de lumière sous la porte fermée de la cuisine. Elle entendit la porte du réfrigérateur se refermer et des pas sur le sol carrelé.

Visiblement, quelqu'un avait eu la même idée qu'elle. Et elle devinait déjà de qui il s'agissait.

Penché sur l'évier, un peignoir de bain passé sur son pyjama, Éric dévorait un énorme sandwich.

— Chalut, dit-il la bouche pleine. T'arrives pas à dormir ?

— C'est pas ça. Il faut que je finisse *La Lettre écarlate* et j'ai du mal à ne pas m'endormir parce que...

— C'est ennuyeux, c'est ça ? conclut-il en prenant une nouvelle bouchée qu'il mâcha lentement. Tu devrais peut-être te faire du café.

Hummm. Sandra n'y avait pas pensé mais l'idée ne lui parut pas mauvaise. Meilleure, en tout cas, que de manger.

— Pourquoi pas, dit-elle en se dirigeant vers la cafetière électrique.

Le cordon n'était pas branché. Elle s'en empara et l'enfonça dans la prise.

Une gerbe d'étincelles bleuâtres jaillit.

Des flammes lui léchèrent la main.

Non !

Pétrifiée de peur, incapable de réagir, Sandra n'avait qu'une pensée en tête : ce n'était pas un rêve.

C'était réel.

6

— Au secours ! hurla-t-elle.

Éric jeta son sandwich et la tira en arrière.

Les flammes commençaient déjà à attaquer le mur.

Ce n'est pas possible, pensa-t-elle, les yeux écarquillés. Ce n'est pas possible.

Horrifiée, elle regarda Éric se débarrasser frénétiquement de son peignoir et le rouler en boule pour étouffer les flammes qui sortaient de la prise.

— Fais attention ! supplia Sandra.

Les flammes disparurent aussi vite qu'elles étaient apparues.

La mère de Sandra et son beau-père se ruèrent dans la cuisine.

— Que se passe-t-il ? demanda sa mère.

Adossée au mur, Sandra avait du mal à reprendre son souffle.

— J'ai failli me faire électrocuter.

Éric lâcha son peignoir de bain.

Le mur autour de la prise avait la couleur du charbon. Quelques volutes de fumée s'étiraient à travers la cuisine. Une odeur désagréable de tissu brûlé flottait dans l'air.

— Ça va ?

Le beau-père de Sandra lui saisit doucement la main pour l'examiner.

Elle ouvrit la bouche pour répondre mais seul un gémissement en sortit.

Éric se tourna vers elle.

— Tu aurais pu te brûler gravement, dit-il.

Elle frémit.

— Je sais, souffla-t-elle. Je sais.

— Je n'y comprends rien, déclara Éric, penché sur le comptoir pour examiner la prise. Tu n'avais pas les mains mouillées ?

— Non.

Éric secoua la tête.

— Alors, il y a eu un court-circuit quelque part.

Oui, songea Sandra. Ce devait être un court-circuit. À moins que...

À moins que son cauchemar ne fût en train de se réaliser.

***

— On devrait peut-être oublier cette histoire, suggéra Sandra. Quitte à sécher les cours, autant que ce soit pour faire quelque chose de drôle.

— Non, déclara fermement Mallory. On va voir Andrea.

Une brise piquante malmenait les boucles de Sandra tandis qu'elle suivait son amie qui marchait d'un bon pas. Elle frissonna. Le soleil brillait mais les vieilles maisons croulantes de Fear Street projetaient leurs ombres sinistres sur le trottoir.

Depuis qu'elle vivait à Shadyside – et cela faisait de nombreuses années –, elle ne s'était jamais aventurée dans Fear Street. Ce n'était pas un endroit que les gens fréquentaient... à moins d'y être obligés.

Qu'est-ce que je fabrique ici ? se demanda-t-elle.

Au début, elle avait accueilli avec joie la proposition de Mallory : sécher les cours de l'après-midi pour aller chez Andrea. L'étrange incident de la nuit précédente lui avait causé une telle frayeur... Mais, à présent, elle commençait à se demander si c'était une si bonne idée que cela.

— C'est ici, annonça Mallory en montrant une vieille maison en bois avec un toit pointu.

Les fenêtres étaient sombres... comme celles de toutes les autres maisons du voisinage.

— On dirait qu'il n'y a personne, murmura Sandra, pleine d'espoir.

— Si, si, elle est là.

Mallory souleva le vieux heurtoir en métal et le laissa retomber à trois reprises.

Un bruit de pas précipités retentit à l'intérieur et la porte s'ouvrit.

Un visage souriant apparut dans l'ombre.

— Bonjour, Mallory. Tu dois être Sandra? Je m'appelle Andrea.

Sandra afficha un sourire poli et serra une main froide et osseuse. Andrea était plus jeune qu'elle ne s'y attendait – trente ans, peut-être. Elle avait des yeux d'un vert intense et de longs cheveux noirs très raides. Des croissants de lune en or pendaient à ses oreilles. Elle portait une ample et longue robe noire qui flottait autour de sa mince silhouette. Sa voix était profonde, presque rauque.

— Entrez, entrez, dit-elle.

Sandra hésita, laissant Mallory s'engager la première. Elles pénétrèrent dans un couloir obscur puis gravirent un escalier en colimaçon qui aboutissait dans une pièce éclairée aux chandelles.

Les volets étaient fermés. Une odeur d'encens lourde et entêtante les accueillit. Une musique New Age sortait de haut-parleurs invisibles.

Andrea indiqua une sorte de chaise longue recouverte d'une tapisserie orientale.

— Assieds-toi, Sandra.

Celle-ci se laissa aller dans le siège qui lui parut étonnamment confortable.

— Alors, que croyez-vous qu'il lui arrive? demanda Mallory à Andrea.

— Au téléphone, tu m'as parlé d'un cauchemar? répondit celle-ci, les yeux fixés sur Sandra.

Elle acquiesça.

— Et ce cauchemar présentait des similitudes avec l'expérience que tu as connue sous hypnose?

— Oui.

— Eh bien, il y a plusieurs possibilités, commença Andrea.

Mallory se pencha en avant.
— Par exemple?
— Par exemple, il se peut que tu revives certains épisodes d'une vie antérieure, annonça Andrea le plus naturellement du monde.
Elle tira un tabouret de sous une sorte d'épaisse tenture de velours et s'assit entre les deux filles.
Une vie antérieure? Qu'entendait-elle par là? se demanda Sandra.
— L'hypnose permet parfois de faire resurgir de tels souvenirs, enfouis profondément dans notre subconscient. Si tu es d'accord, j'aimerais t'hypnotiser aujourd'hui.
Sandra écarquilla les yeux.
— Ne t'inquiète pas, reprit Andrea. Tout ira bien. Mais si nous voulons découvrir ce qui se passe, il faut que je puisse avoir accès aux zones cachées de ton esprit. Et la seule façon de procéder, c'est l'hypnose.
Nullement rassurée, Sandra consulta Mallory du regard.
— Elle est encore un peu sous le choc de ce qui s'est produit la dernière fois, expliqua celle-ci.
Andrea hocha la tête.
— Je comprends parfaitement. Mais il est important que nous le fassions. Vois-tu, la vérité à propos de notre vie présente réside souvent dans le passé. Mieux tu comprendras ton passé, mieux tu seras capable d'affronter l'avenir. Tu comprends ce que je veux dire?
Sandra avait les lèvres sèches.
— Je crois, murmura-t-elle.
— Bien.
Andrea s'empara d'une petite chandelle qu'elle tint devant elle.
— Maintenant, je veux que tu te concentres sur cette flamme tout en m'écoutant. D'accord?
Sandra acquiesça. Son cœur battait très fort. Elle inspira profondément.
— Détends-toi, Sandra, ordonna Andrea. Regarde la flamme attentivement.

Petit à petit, le pouls de Sandra ralentit.
La flamme flottait devant elle.
Autour d'elle, tout devint flou et sombre. Seule la flamme demeurait, brillante, solitaire.
La voix d'Andrea sortit de nulle part :
— Je vais compter. Détends-toi. Tu te sens de mieux en mieux.
La respiration de Sandra s'apaisa.
— Dix... neuf... huit... tu commences à avoir sommeil.
Ses paupières s'alourdirent. Mais elle continuait à voir la flamme.
— Sept... six... cinq... tu es prête à plonger dans un profond sommeil.
Ses yeux se fermèrent.
— Quand j'arriverai à un, tu dormiras. Mais tu seras encore capable de m'entendre et de répondre à mes questions. Tu me comprends ?
Sandra était déjà loin, très loin. Elle hocha à peine la tête en signe d'acquiescement.
— Quatre... trois... deux... un.

7

— Tu m'entends ?
— Oui.
— Bien. Maintenant, nous allons remonter dans le temps... loin, très loin... avant même ta naissance. Tu es d'accord ?
— Oui.
— Comment t'appelles-tu ?
— Penny. Penny Hansen.
— C'est très bien, Penny. Quel âge as-tu ?
— Dix-sept ans.
— Je vois. Sais-tu en quelle année nous sommes ?

Penny gloussa. Quelle drôle de question. Bien sûr qu'elle savait en quelle année elles étaient.

— Oui. 1958.
— Et où habites-tu ?
— À Shadyside.
— Parfait. Parle-moi un peu de toi.

Penny réfléchit un moment. Que dire ? Un sourire illumina ses traits. Mais oui, bien sûr, elle pouvait parler de son petit ami.

— Eh bien... ça commence à devenir sérieux avec Paul, murmura-t-elle.
— C'est merveilleux ! Parle-moi de lui.

Penny haussa les épaules.

— Il est vraiment formidable. Grand, brun, très beau. Comme dans les films.
— En effet, il a l'air très bien, Penny. Parle-moi de tes autres amis.

— Mes autres amis ?

Penny fronça les sourcils. Elle avait l'impression de ne plus avoir de temps pour ses autres amis. Sauf pour Gary, bien sûr. Mais elle n'était pas certaine d'avoir envie de parler de lui.

— Je connais un autre garçon... Gary.

— Parle-moi de Gary.

— Il est... gentil, dit Penny. Il travaille au garage Peterson. Je l'ai rencontré quand mon père a fait réparer sa voiture là-bas.

— Tu l'aimes bien ?

— Oh !... oui, marmonna Penny.

Elle l'aimait beaucoup, même. Mais il y avait quelque chose chez lui...

— Tu l'aimes comme tu aimes Paul ?

Penny se tortilla sur sa chaise.

— Je... je ne sais pas, bredouilla-t-elle. Il y a des jours où... Mais je suis avec Paul.

— Tu quitterais Paul pour Gary ?

— Non. Je veux dire... Je ne sais pas... mais je ne crois pas. Vraiment pas.

— As-tu parlé à Paul de tes sentiments pour Gary ?

— Non ! s'écria Penny. Bien sûr que non. Vous... vous ne lui direz rien, n'est-ce pas ?

— Non, Penny, je ne lui dirai rien. Je te le promets. As-tu peur de Paul ?

Penny éclata de rire.

— Peur de Paul ? Non. C'est ridicule.

— As-tu peur de Gary ?

Penny ne répondit pas.

— Penny ?

— Non, dit-elle d'une voix tremblante. Enfin... peut-être.

Les ténèbres l'enveloppèrent. Et avec elles vint la chaleur. Une chaleur sèche, crépitante.

— Penny ?

Mais elle était incapable de répondre. Elle glissait... glissait dans un profond sommeil...

⁂

Les paupières de Sandra frémirent.

— Tu es réveillée? demanda Andrea, penchée sur elle.

Elle ne tenait plus la chandelle.

— Oui, marmonna Sandra en parcourant la pièce du regard.

Mallory était toujours assise là, près d'elle, la fixant avec une angoisse palpable.

— Il y a un problème?

— Non. Aucun problème, répondit Andrea. Te souviens-tu de quoi que ce soit depuis que je me suis mise à compter?

Le front plissé, Sandra essaya de se concentrer. Il y avait bien de vagues images, sans rapport entre elles, qui s'échappaient des recoins de sa mémoire, mais aucune à laquelle elle pouvait se raccrocher.

— Je crois qu'il y avait un garage, dit-elle au bout d'un moment. Et deux garçons... Je ne sais plus.

— Ce n'est pas grave.

Andrea se dirigea vers une petite table sur laquelle se trouvait un magnétophone.

— J'ai enregistré la séance.

Sandra hocha la tête, puis se tourna vers Mallory tandis que la bande se rembobinait.

— Tu tiens le coup? chuchota son amie.

Sandra haussa les épaules.

— Je ne sais pas...

Une voix l'interrompit.

Sa voix.

Stupéfaite, choquée, elle écouta l'enregistrement... écouta Penny parler de Gary et de Paul. Est-ce vraiment moi? se demandait-elle. Elle n'arrivait pas à y croire.

Andrea éteignit l'appareil.

— Dans une vie antérieure, tu étais Penny, expliqua-t-elle. Et il s'est passé un événement tragique. Un événement très grave dont tu commences à te souvenir à présent.

Un peu sonnée, Sandra hocha la tête. Elle se rendait compte, bien malgré elle, qu'il lui fallait affronter la vérité. Sa respiration s'accéléra.

— Vous avez sans doute raison.

Sa voix monta quand elle enchaîna :

— Mais pourquoi tous ces trucs me reviennent-ils maintenant ? Qu'est-ce que ça a à voir avec ma vie présente ?

Andrea la fixa droit dans les yeux.

— C'est à toi de le découvrir.

— Mais comment ? implora Sandra.

— Je ne peux pas répondre à ça. Tout ce que je peux dire avec certitude, c'est que quelque chose n'a pas été... résolu dans ta vie passée.

Les yeux d'Andrea plongeaient en elle.

— Peut-être que quelqu'un a souffert avec toi, dit-elle. Les gens reviennent souvent ensemble, Sandra. Aussi terrifiant que cela puisse paraître, ils revivent les horreurs de leur vie passée dans leur vie présente. L'histoire se répète vraiment.

La gorge de Sandra se serra.

— Vous êtes en train de me dire...

— Je suis en train de te dire que le plus tôt tu découvriras ce qui se passe, mieux cela vaudra.

8

Sandra était assise avec Zach, chez lui, dans son salon. Elle était encore hébétée, un peu perdue, après la séance avec Andrea. Elle s'agita sur le divan quand il la prit par les épaules.

— Alors, raconte, la pressa-t-il.

Elle se passa une main fébrile dans les cheveux.

— Je ne me souviens pas de grand-chose, commença-t-elle. Andrea m'a hypnotisée, et ensuite, elle m'a fait écouter un enregistrement de ce que j'avais dit. Je...

— Oui ?

— Eh bien... sur la bande, je disais que j'étais une fille nommée Penny et qu'on était en 1958. Et j'avais un petit ami. Il y avait aussi un autre garçon qui me plaisait. Mais il me faisait peur.

Elle soupira.

— Enfin, je crois. À vrai dire, je ne suis même pas sûre...

— C'est vraiment bizarre, cette histoire.

— C'est le moins qu'on puisse dire...

— Et pourquoi tu n'as pas attendu la fin des cours ? murmura-t-il en lui caressant l'épaule du bout des doigts. Je serais venu avec toi.

Elle secoua la tête. Elle regarda par la fenêtre les arbres alignés dans la rue, baignés de soleil.

— Je ne sais pas. J'ai déjeuné avec Mallory à midi et elle m'a convaincue d'y aller. Ensuite, j'étais si pressée d'y être que je ne pouvais plus attendre. Surtout après ce qui s'est passé hier soir.

Les doigts de Zach se figèrent.

— Hier soir ?

Sandra baissa les yeux.

— J'ai failli me brûler sérieusement, murmura-t-elle.

— *Quoi ?* s'écria-t-il.

Elle lui raconta ce qui s'était passé avec la cafetière électrique. Comment les flammes avaient jailli de la prise. Et comment Éric l'avait sauvée.

Zach la fixait, les lèvres pincées.

Mal à l'aise, Sandra le dévisagea.

— Qu'y a-t-il ? Pourquoi tu me regardes comme ça ?

Il prit un air sombre.

— Tu as failli tomber dans les escaliers... Mais Éric t'a rattrapée. Hier, nouvel accident et, comme par hasard, Éric était encore là pour te sauver.

— Qu'est-ce que tu veux dire ?

— À ton avis ? rétorqua Zach. Je veux simplement dire que tu as intérêt à te méfier quand Éric est dans les parages. La troisième fois, il se pourrait que tu n'aies pas autant de chance.

***

Quand Sandra engagea la voiture de sa mère sur la voie rapide, le soleil avait disparu derrière l'horizon. Quelques lueurs orangées s'accrochaient encore aux nuages mais la nuit tombait vite.

Sandra était restée bien trop tard chez Zach. Il habitait sur Mill Road et il fallait vingt bonnes minutes pour rentrer chez elle. Sa mère, Éric et son beau-père avaient sûrement déjà dîné. Mais peu lui importait. Elle avait besoin d'être avec Zach. Elle avait besoin qu'il la rassure, qu'il lui dise qu'elle n'était pas en train de devenir folle.

Elle secoua la tête, agrippée au volant. Elle *ne pouvait pas* avoir vécu une autre vie, avoir été une autre fille nommée Penny. C'était impossible.

Une pancarte accrocha son regard : « Sortie 85 à 400 mètres. »

La sortie 85. C'était là que se trouvait le *Burger Hop*. Puisqu'elle avait raté le dîner, autant s'y arrêter.

Son estomac la rappelait à l'ordre.
Ouais, un bon cheeseburger bien moelleux... C'était exactement ce qu'il lui fallait.
Elle s'engagea sur la rampe de sortie.
Tiens, bizarre. Il n'y avait pas un grand arbre ici, avant ? On l'avait peut-être coupé.
Il ne restait plus qu'une pelouse lisse et rase.
Les sourcils froncés, elle s'engagea dans Maple Road.
La voiture tressauta violemment.
Waouh ! Ça, c'était du nid-de-poule ! Mais depuis quand y avait-il des nids-de-poule sur Maple Road ? La route était en parfait état la dernière fois qu'elle l'avait empruntée... C'était quand ? La semaine dernière ?
Les yeux plissés, elle scruta la route à travers le pare-brise et alluma ses phares. Elle ralentit et se mit à rouler au pas.
Le *Burger Hop* se trouvait juste là, à droite...
Non ?
Elle écrasa la pédale de frein.
La voiture s'immobilisa dans un hoquet. Penchée au-dessus du volant, Sandra contemplait un terrain vague envahi de mauvaises herbes.
Le *Burger Hop* aurait dû se trouver là. À moins qu'elle ne se soit trompée de rue.
Soupirant, elle redémarra. Les lumières d'une station-service se détachaient sur le ciel noir, un peu plus loin. Elle pourrait peut-être y demander son chemin. Elle s'engagea dans la voie d'accès, se gara devant les pompes et coupa le moteur. Un vieil homme en bleu de travail avec une barbe de plusieurs jours était assis sur une chaise pliante.
Sandra baissa sa fenêtre et lui sourit.
— J'ai dû me tromper quelque part, commença-t-elle. Je cherche le *Burger Hop*.
Les paupières de l'homme frémirent doucement.
— Très drôle, dit-il d'une voix morne.
Le sourire de Sandra vacilla.
— Qu'est-ce qui est drôle ?
Il pencha la tête.

— Vous cherchez vraiment le *Burger Hop* ?
Il ricana.
— Oui, affirma-t-elle.
— Ben, vous allez pas le trouver.
Il gloussa à nouveau.
— Et pourquoi ça ?
— Parce que le *Burger Hop* a fermé en 1960. Voilà pourquoi.

9

Sandra se réveilla le samedi matin avec les paroles du vieil homme en tête.

Si le *Burger Hop* avait fermé près de quarante ans plus tôt, pourquoi l'avait-elle cherché ?

Je devais penser à un autre endroit.

Après tout, elle avait eu une semaine assez éprouvante, non ?

Elle bâilla à s'en décrocher la mâchoire puis s'extirpa de son lit à regret. Elle enfila un pantalon de jogging et un sweat puis descendit l'escalier en chantonnant.

« *You are foverer mine...* »

Elle ouvrit le réfrigérateur, en sortit une brique de jus d'orange.

« *Until the end of time...* »

— Qu'est-ce que tu chantes ?

Sandra sursauta. Elle fit volte-face, manquant de lâcher la brique. Éric était sur le seuil, déjà habillé.

— Je ne chantais pas, riposta-t-elle.

Elle posa le jus d'orange sur le comptoir, près de la prise noircie. Un frisson lui parcourut le dos.

Mallory apparut derrière Éric.

— Si, tu chantais. Je t'ai entendue, moi aussi.

Sandra était surprise. Qu'est-ce que Mallory faisait ici ?

— On... avait rendez-vous ? lui demanda-t-elle.

Les joues de Mallory rosirent.

— Euh... non. Je suis passée voir Éric. L'autre soir, en faisant la vaisselle, on a décidé de se revoir. Comme ça, quoi.

Sandra ne savait trop que penser de cette nouvelle. Allait-elle perdre sa meilleure amie ? Éric allait-il la lui piquer ? Elle n'était pas sûre d'apprécier cette situation.

— Tu as fini *La Lettre écarlate ?*

Éric se mit à rire.

— Ne change pas de sujet, Sandra. Tu étais vraiment en train de chanter. C'était *Forever mine.*

— *Forever mine ?* répéta-t-elle, les sourcils froncés. C'est quoi, ça ?

Éric leva les yeux au ciel.

— Tu te paies ma tête ! C'est ce que tu étais en train de chanter à l'instant.

Sandra haussa les épaules en s'emparant d'un verre dans l'égouttoir.

— Si tu le dis. J'ai jamais entendu cette chanson.

— Mais si, tu l'as entendue, protesta Éric. C'est une vieille chanson d'amour des années 50. Ils la passent toujours sur les radios pour vieux et au supermarché.

Sandra ne répondit pas. Elle versa du jus d'orange dans le verre. C'était quoi son problème, à Éric ? Elle venait de se réveiller. L'heure était mal choisie pour lui casser les pieds avec ces inepties. Et s'il allait voir ailleurs ? Elle n'avait jamais chanté de guimauve des années 50 de sa vie.

— *You are forever mine,* entonna Éric d'une voix de crooner.

— Hé, tu as une supervoix ! s'écria Mallory, enthousiaste.

Sandra le fixait avec des yeux ronds.

Il ferma les yeux, fronçant les sourcils comme s'il cherchait à se souvenir des paroles.

— *Until the end of time,* enchaîna-t-il en claquant des doigts. *Your kisses sweet like wine. Our love will always shine...*

Sandra recula d'un pas, abasourdie.

La chanson la fascinait.

L'hypnotisait.

Et elle la connaissait.

Oui... elle la connaissait. Par cœur même. Peut-être l'avait-elle déjà chantée, après tout. Au moins une fois. Peut-être...

Soudain, elle eut la certitude absolue, indiscutable, d'avoir déjà vécu cet instant. Sans l'ombre d'un doute.

Pas dans cette cuisine, non... mais *quelque part*, elle avait écouté *quelqu'un* chanter cette chanson.

— *You are forever mine... until the end of time,* acheva Éric.

Il laissa échapper un soupir et ouvrit les yeux.

Le silence tomba dans la pièce, seulement troublé par la respiration oppressée de Sandra.

— Je m'étonne moi-même, murmura Éric au bout d'un moment. Je ne croyais pas connaître toutes les paroles. Bizarre, hein ?

Sandra se frotta les bras. Soudain, elle avait très froid. Elle avait souvent eu des impressions de déjà-vu auparavant, mais rien qui ressemblât à cela. Rien d'aussi puissant...

Il faut que je sorte d'ici.

— Qu'y a-t-il ? demanda Mallory.

— R... rien. Je... je dois y aller.

Elle fonça vers la porte.

— Attends ! la rappela Éric. Tu ne veux pas ton jus d'orange ? Ton verre...

Sandra grimpa l'escalier quatre à quatre et claqua la porte de sa chambre.

Cette chanson... elle me rend dingue.

Il faut que je m'en aille.

Loin d'ici.

Loin de *moi !*

***

Zach arriva peu après.

— Partons, dit-elle en se précipitant vers lui dans l'allée. On prend ma voiture.

Elle fonçait déjà vers le garage. Il courut à sa suite.

— Tu vas bien ?

— Ouais, maugréa-t-elle. Très bien.

Elle entra dans le garage par la porte de côté.

— Tu connais la dernière ? Il faut que je laisse ma voiture à Éric.

— Pas question ! s'exclama Zach en s'installant à ses côtés.

— Ma mère dit qu'il fait partie de la famille à présent. Donc, lui et moi, on doit partager la voiture.

— Mais c'est la tienne !

— On trouvera un moyen de s'arranger, répondit Sandra.

En fait, cela ne la dérangeait pas particulièrement. Et puis, jusqu'à présent, Éric ne la lui avait encore jamais demandée.

— On va au centre commercial ? proposa Zach.

— Bonne idée.

Sandra actionna le système d'ouverture de la porte. Le soleil, radieux, inonda le garage tandis que la porte se levait lentement.

Elle tourna la clé. Le moteur ronronna.

— Il fait un temps superbe, fit remarquer Zach tandis que la lourde porte métallique montait toujours. J'espère qu'il fera aussi beau demain. Je déteste jouer sous la pluie.

— J'espère aussi.

Sandra passa la marche arrière puis posa son bras sur le dos du fauteuil pour regarder derrière elle.

La voiture glissa lentement vers la rue.

Un bruit déchirant fit sursauter Sandra. La voiture bondit quand son pied écrasa l'accélérateur.

— Arrête ! hurla Zach en la saisissant par le bras.

Trop tard.

Sandra ne l'avait pas vue à temps.

Elle n'avait pas vu que la porte du garage s'était soudain mise à redescendre.

La voiture s'engageait déjà sous l'épais panneau de métal.

Pas le temps de s'arrêter. Pas le temps de hurler.

Dans un vacarme assourdissant, la porte fracassa la voiture.

Les écrasant.

10

Sandra ferma les yeux.

Le hurlement du métal broyant le métal lui déchira les tympans. La voiture s'immobilisa. Sa tête cogna durement contre le dossier du siège.

La douleur explosa en elle.

Puis plus rien.

Silence.

Je suis morte.

Réduite en bouillie sous la porte du garage.

Elle ouvrit les yeux.

— Oh non! gémit-elle.

Elle contemplait la porte. En fait, celle-ci n'avait pas atteint le toit de la voiture mais avait défoncé le coffre, à l'arrière.

Zach leva la tête qu'il avait protégée sous ses bras.

— Waouh!

Sandra se tourna vers lui. Il était blême et tremblait.

— Tu... tu n'as rien? balbutia-t-elle.

— Je ne crois pas.

Elle lâcha le volant auquel elle était agrippée comme à une bouée de sauvetage. Les battements de son cœur consentirent enfin à ralentir. Elle se passa les mains dans les cheveux.

— Je... je vais voir.

Elle ouvrit la porte d'un coup de pied et sortit, les jambes en coton. Elle fit quelques pas et s'arrêta pour examiner les dégâts : les deux pneus avaient éclaté sous l'impact, le coffre n'existait plus.

Je dois avoir de la chance, se dit-elle. De la chance que la voiture n'ait pas été complètement broyée. De la chance d'être encore en vie.

Elle se frotta les tempes, essayant de refouler la peur qui montait en elle. Que lui arrivait-il ?

Elle leva les yeux vers la maison, si paisible dans le soleil de midi. Un mouvement à l'une des fenêtres du premier attira son regard.

La chambre d'Éric.

Il se tenait là, contemplant tranquillement le carnage, l'air totalement inexpressif.

Leurs regards se croisèrent. Il recula vivement, disparaissant dans la pénombre.

***

— Sandra... Il faut que je te dise quelque chose, chuchota Zach. Quelque chose que tu n'as peut-être pas envie d'entendre.

Elle soupira, regrettant qu'il brise le silence. Cela faisait une heure qu'ils étaient assis sur le divan, dans la chambre de Zach, dans les bras l'un de l'autre. Il l'avait conduite ici, après que la dépanneuse eut emmené la voiture.

La chambre était plongée dans l'obscurité. Ils avaient tiré les rideaux... comme pour empêcher le monde d'entrer, comme pour laisser dehors le souvenir de l'accident.

— Qu'est-ce que c'est ? dit-elle.

Il lui prit la main.

— Ça me gêne de te dire ça, mais je soupçonne Éric d'être responsable de ce qui s'est passé aujourd'hui.

— *Quoi ?*

Elle se redressa, ébahie.

— Qu'est-ce que tu...

— Attends, murmura-t-il, les yeux fixés sur la moquette. Écoute-moi. Éric est *toujours* près de toi quand il t'arrive quelque chose. Et c'est le troisième accident en moins d'une semaine. Réfléchis : quelle est la probabilité pour que la porte du garage se dérègle juste au moment où tu passes dessous ?

Elle secoua la tête.

— Tu délires, Zach ! Pourquoi Éric me voudrait-il du mal ? On est amis. Il m'aime bien. On s'entend plutôt bien tous les deux.

Il secoua la tête.

— Peut-être que vous ne vous entendez pas aussi bien que tu le crois.

— Tu délires, répéta-t-elle.

Non. Éric n'essaierait jamais de lui faire du mal. Leurs parents étaient *mariés*. Ils formaient une famille, désormais.

D'ailleurs, jusqu'à présent, il s'était toujours montré sympa avec elle. Et, plus important encore, Éric lui avait sauvé la vie quand la prise avait explosé... la tirant en arrière et étouffant les flammes lui-même.

— Zach... je ne veux plus en parler, d'accord ? dit-elle sèchement. Je ne peux pas croire qu'Éric ait quoi que ce soit à voir avec ça.

— D'accord, grommela-t-il en lui lâchant la main.

Il se leva et commença à marcher de long en large.

— Alors, de *quoi* veux-tu qu'on parle ?

Elle leva les yeux au ciel, exaspérée.

— Je n'en sais rien, moi ! De n'importe quoi ! Du match de demain. De la fête chez Lise après. Du temps qu'il fait...

— Rien de tout ça n'est important, Sandra. C'est ce qui t'arrive qui compte.

— Non, protesta-t-elle.

Pourquoi était-il si énervé ? Ils avaient failli se faire *tuer*. Ils avaient besoin de se réconforter l'un l'autre, pas de se disputer à cause d'Éric.

— Tu me fais peur, reprit-elle. Et j'ai déjà eu assez peur comme ça aujourd'hui.

Sa voix s'affaiblit pour ne devenir qu'un murmure.

— En fait, ça fait une semaine que j'ai peur.

Lui tournant le dos, il se planta devant la fenêtre.

— Peut-être que tu ferais mieux de t'y habituer, Sandra, dit-il sombrement. Parce que j'ai l'impression que c'est loin d'être terminé.

11

— Hé, Jessy ! Fais gaffe avec ce soda ! cria Lise par-dessus la musique qui leur parvenait du salon. Tu vas le renverser.

Sandra éclata de rire tandis que Jessy sortait au pas de charge de la cuisine, semant derrière elle une traînée de liquide brun mousseux.

— Lise, si tu as peur que les gens renversent des trucs, pourquoi as-tu organisé une fête chez toi ?

— Je n'en ai pas la moindre idée, grommela Lise. Je dois être un peu demeurée : j'étais persuadée qu'on pouvait *s'amuser* à une fête.

S'emparant d'une serviette en papier, elle se mit en devoir d'essuyer la traînée brune sur le sol.

— Mais on s'amuse, déclara Sandra. Tant que ça se passe chez quelqu'un d'autre.

— J'essaierai de m'en souvenir, maugréa Lise.

Sandra gloussa puis se décida à traverser la foule qui hip-hopait furieusement. Les haut-parleurs hurlaient si fort que toute la maison vibrait.

Les fêtes la mettaient toujours de bonne humeur. Quoi qu'il puisse se passer. Même si sa voiture ressemblait à une sculpture contemporaine. Même si elle avait failli se faire électrocuter.

Arrête.

Elle n'allait pas se remettre à penser à tout ça. Elle était ici pour faire la fête, se rappela-t-elle en fendant la foule compacte des danseurs en transe et en nage.

— Hé, Sandra ! l'appela Zach de quelque part, tout près.

Elle regarda autour d'elle, sentit une main sur son épaule.

— Je suis là.

Il était si mignon, avec ces mèches sur son front, encore humides de la douche.

— Ça se passe comme tu veux ? demanda-t-il.

Elle se serra contre lui.

— Tu as fait un grand match aujourd'hui, hurla-t-elle, les lèvres collées à son oreille.

Il roula des yeux.

— Sandra, on a perdu !

— Je sais, mais tu étais quand même génial, décréta-t-elle. Et c'est tout ce qui compte pour moi.

Il éclata de rire, avant de déposer un baiser sur sa joue.

— Merci. Hé ! je vais faire un tour dehors... histoire de dégoter un hamburger. Mallory et Jessy sont en haut. Elles te cherchent. Elles sont dans la chambre de Lise, je crois.

— O.K. J'y vais.

Au moins, j'ai Zach, pensait-elle en grimpant au deuxième étage. Peu importe le reste.

— Mallory ? appela-t-elle. Jessy ?

Jessy passa la tête par la porte de la chambre de Lise.

— Ah, te voilà ! s'exclama-t-elle. Viens un peu par ici.

Sandra pinça les lèvres, faisant semblant de prendre un air soupçonneux.

— Je vous connais, les filles. Vous m'avez préparé un sale coup.

Soudain, son sourire se figea.

Éric et Mallory étaient assis côte à côte sur le lit de Lise. Leurs bras se touchaient et ils partageaient un Coca en rigolant.

— Qu'est-ce qu'il y a ? s'étonna Jessy.

Sandra secoua la tête, se forçant à sourire à nouveau. Est-ce que je serais jalouse ? se demanda-t-elle.

— Euh... rien, répondit-elle à Jessy. Rien du tout. Alors, qu'est-ce que vous fabriquez ici ?

Éric haussa les épaules et détourna à regret son regard de Mallory.

— On cherche quelque chose d'excitant à faire.
— Hé... j'ai trouvé ! annonça Mallory.
Elle bondit, se pencha derrière le lit de Lise pour ramasser un livre avec une couverture entièrement noire.
Sandra faillit s'étrangler. Elle reconnaissait le livre.
— Je vais hypnotiser quelqu'un ! déclara Mallory.
Sandra blêmit.
— Mallory, je ne...
— Allez, Sandra, supplia Mallory. Ne fais pas cette tête, ça va être drôle.
Elle se tourna vers les trois autres.
— Qui veut commencer ?
Jessy tendit les mains devant elle, paumes en avant.
— Pas moi.
— Tu peux *vraiment* hypnotiser les gens ? demanda Éric. Tu es sérieuse ?
— Crois-moi... elle peut le faire, soupira Sandra.
Mallory souriait à Éric.
— Pourquoi tu n'essaierais pas ?
Il ricana.
— Peut-être parce que je pense que c'est un tissu d'inepties.
— Oh, très bien, excuse-moi ! rétorqua Mallory en prenant un air faussement vexé. Je ne savais pas qu'on avait un sceptique parmi nous.
Éric la fixait.
— Tu veux vraiment que j'essaie ?
— Mallory, non, intervint Sandra. Tu as vu ce qui s'est passé la dernière fois...
— Non, non, la coupa Éric. Je veux bien essayer. C'est le seul moyen de vous prouver que ce sont des salades.
Mallory haussa les épaules.
— C'est ça. Prouve-le.
— Je n'aime pas ça, grommela Sandra.
— Détends-toi, Sandra, fit Mallory. Éric n'y croit pas, de toute manière. Et s'il se passe quoi que ce soit, je peux toujours le réveiller.
— Parce que tu crois vraiment qu'il va se passer quelque chose ? se moqua Éric.

Oui, pensa Sandra de plus en plus nerveuse.

— Mais non, rétorqua Mallory sur le même ton. Maintenant, assieds-toi sur le tapis.

— Oui, m'dame.

Éric s'installa en tailleur à même le sol.

Mallory s'agenouilla en face de lui.

— Détends-toi.

Sandra resta debout, frottant ses mains moites sur son jean. Pourquoi faisaient-ils ça ? Ils étaient en train de gâcher la fête.

— Regarde mon doigt, commanda Mallory en levant son index devant Éric.

Elle le fit bouger lentement d'avant en arrière.

Éric le suivit des yeux, toujours souriant.

— Je vais compter à rebours à partir de dix, dit-elle d'une voix monocorde.

Éric opina. Son sourire commençait à s'altérer.

Non, pria Sandra en silence. Éric plongeait déjà dans l'inconscience, elle le sentait.

Arrêtez tout de suite...

— Dix... neuf... huit... tes paupières sont lourdes.

Aussitôt, les paupières d'Éric clignèrent mollement. Sandra s'agita.

Arrêtez, s'il vous plaît.

— Sept... six... cinq... tu vas tomber dans un profond sommeil, poursuivit Mallory. Quand j'arriverai à un, tu seras complètement endormi.

Les paupières d'Éric tombèrent.

— Quatre... trois... deux... un.

Mallory referma le livre qu'elle posa à terre près d'elle.

— Peux-tu m'entendre ?

— Oui.

Il hocha la tête, impassible.

Sandra le fixa. Soudain, elle tressaillit. Était-ce son imagination ou bien son visage était-il parcouru de tics nerveux ?

— Éric ? demanda Mallory.

Il ne répondit pas.

Non... ce n'étaient pas des tics.

— Éric, répéta Mallory un peu plus fort. Peux-tu m'entendre ?

Tout son corps se mit frissonner. Il respirait très vite.

— Mallory ! s'écria Sandra. Il se passe quelque chose. Réveille-le !

— Allez, Mallory ! renchérit Jessy. Arrête !

Mallory le saisit par les épaules.

— Éric ! cria-t-elle, le secouant. Éric... Réveille-toi !

Soudain, les yeux d'Éric s'ouvrirent. Il leva la tête... fixa Sandra.

Il la fixa avec des yeux aux pupilles dilatées comme des trous noirs.

— Penny, murmura-t-il d'une voix méconnaissable, tu vas mourir une deuxième fois.

12

Penny ? Sandra se recroquevilla d'horreur.
La tête d'Éric tomba sur sa poitrine.
Mallory le secouait frénétiquement.
Soudain, les spasmes cessèrent.
Éric cligna plusieurs fois des paupières, regarda la pièce autour de lui.
— Que se passe-t-il ? croassa-t-il. Pourquoi tu me secoues comme ça ?
Mallory le lâcha.
— Éric, tu es réveillé ?
Il m'a appelée Penny, ne cessait de se répéter Sandra. *Il m'a appelée Penny.*
— Bien sûr que je suis réveillé.
Son regard anxieux glissa vers Jessy, puis vers Sandra.
— Pourquoi vous me regardez comme ça, les filles ?
Sandra se sentit incapable de répondre.
— Éric, qui est Penny ? murmura Jessy.
— Penny ? Je.... je ne sais pas, bredouilla-t-il en essuyant son front en sueur. J'ai chaud. Qu'est-ce qui se passe ici ? Que s'est-il passé ? Est-ce que j'étais...
Il ne termina pas sa phrase.
Sandra battit discrètement en retraite vers la porte. *Il faut que je sorte d'ici Que je respire un peu d'air frais.*
— Tu ne te souviens de *rien* ? demanda Mallory.
Il secoua la tête avant de dévisager Sandra.
— Non. Rien du tout. Sandra, tu veux bien arrêter de me regarder comme ça ? Tu me flanques la trouille.

Il n'y a pas que toi qui as la trouille, songea Sandra, paniquée. Sans un mot, elle se rua soudain hors de la chambre et courut vers l'escalier.

— Sandra ! s'écria Éric. Attends !

Ne me parle pas. Va-t'en, c'est tout !

Elle se fraya un passage à coups de coude à travers les danseurs.

— Hé ! aboya un type. Fais gaffe !

Mais elle l'entendit à peine. Hagarde, elle trouva enfin la porte et s'élança dehors... atterrissant droit sur Zach qui se trouvait là, sur la pelouse.

— Aïe ! s'exclama-t-il, en rattrapant de justesse son hamburger. Tu as failli le faire...

Son expression changea subitement.

— Sandra, que se passe-t-il ?

Elle ravala sa salive, essayant de réfléchir.

— Éric. Il... il...

Zach s'approcha, lui caressa les cheveux de sa main libre.

— Du calme, murmura-t-il. Tout va bien. Que s'est-il passé ? Qu'a fait Éric ?

Sandra s'étranglait.

— Rien. Mallory... l'a hypnotisé. Il... il m'a appelée Penny.

Les mots se bousculaient dans sa bouche.

— Il m'a dit que j'allais mourir...

— Chut, fit Zach avec douceur.

Il jeta son hamburger dans une poubelle et la prit dans ses bras.

— C'est fini maintenant.

Elle enfouit le visage dans son épaule.

— Ramène-moi à la maison, Zach, supplia-t-elle. Je veux rentrer.

Il s'écarta pour l'examiner attentivement.

— D'accord, d'accord. Ne bouge pas. Je vais chercher la voiture.

Elle renifla, les yeux gonflés. Elle n'allait quand même pas se mettre à *pleurer*. Ce n'était pas si grave que ça, non ? Il fallait qu'elle se détende. Zach avait raison. C'était terminé.

— Je reviens tout de suite, promit Zach.
Il se mit à courir.
Sandra frissonna, les bras serrés contre sa poitrine. Elle gardait les yeux fixés sur le morceau de pelouse entre ses pieds. Autour d'elle, quelques personnes murmuraient.
La voix de Mallory flotta jusqu'à elle par-dessus la musique qui jaillissait de la maison.
— La voilà ! Venez !
Des pas martelèrent le sol, tout près. Elle sentit un bras sur ses épaules mais ne put se résoudre à lever les yeux.
— Sandra ? demanda Jessy. Tu vas bien ?
Rassemblant son courage, Sandra chassa une mèche de son visage et releva la tête. Jessy, Lise et Mallory l'entouraient.
— Je veux partir, c'est tout, articula-t-elle péniblement. Je ne me sens pas bien. Je suis désolée, Lise. La fête était super. Zach va me ramener.
— Ne sois pas désolée, répondit Lise en lui tapotant le bras. Je voulais juste m'assurer que tu allais bien.
Elle hésita.
— Qu'est-ce qui t'a effrayée à ce point ?
— Éric l'a appelée Penny, expliqua Mallory à voix basse.
— Mallory, tu ne peux pas oublier ça ? s'écria Sandra. Je ne veux plus y penser.
Mallory hocha la tête.
— Excuse.
Lise se tourna vers la maison.
— Où est Éric, au fait ?
— Il est sorti par-derrière, répondit Jessy. Il voulait aller chercher sa voiture pour ramener Sandra. Elle est garée de l'autre côté.
Sandra gémit. Le garagiste avait effectivement promis de faire vite. La voiture était-elle déjà réparée ? Éric avait-il voulu lui rendre service en allant la chercher aujourd'hui ? Pourquoi ne lui avait-il rien dit ? En tout cas, elle n'avait aucune envie de se retrouver avec lui. Elle se tourna vers la rue. Le coupé rouge de Zach arrivait.
— Si Éric me cherche, dites-lui que je vais bien et qu'il n'a qu'à rester pour profiter de la fête.

Mallory baissa les yeux.

— Il se fait vraiment du souci, Sandra.

— Eh bien, dis-lui de ne *pas* s'en faire, répliqua-t-elle.

Éric n'était pas son problème. Pour le moment, c'était d'elle qu'elle devait se soucier. Elle se dirigea à grands pas vers le trottoir.

Dépêche-toi, Zach, supplia-t-elle silencieusement.

La voiture de Zach s'immobilisa dans le virage, juste de l'autre côté de la rue. Il ouvrit la porte et sortit du véhicule.

Un crissement de pneus martyrisés retentit.

Sandra fit volte-face. Elle vit une voiture – *sa* voiture, celle qu'elle partageait désormais avec Éric – déraper dans le virage. Fonçant à toute allure. Incontrôlable.

— Zach ! cria Mallory. Attention !

Zach se figea. Au beau milieu de la rue.

Ses yeux s'ouvrirent démesurément tandis que la voiture sombre se ruait vers lui.

— Nooon !

Le hurlement de Sandra déchira l'air.

— Noooon !

13

Le cri de Sandra couvrit le rugissement de la voiture.

Zach bondit. Il plongea dans l'herbe comme s'il s'agissait d'une piscine.

La voiture fit un écart... et l'évita dans un hurlement de pneus.

— Zach ! s'écria Sandra en se précipitant vers lui.

Il se redressa sur les mains et les genoux. Du coin de l'œil, Sandra vit la voiture rebondir sur le trottoir, traverser la pelouse d'un voisin pour s'écraser contre un chêne.

Les phares éclatèrent. Le métal se tordit violemment.

De la vapeur jaillit du capot avec un sifflement.

Sandra s'agenouilla auprès de Zach, le serrant dans ses bras. Hébétée, elle contemplait la voiture.

— Ça va ? murmura-t-elle en embrassant la chevelure ébouriffée de Zach.

Il hocha la tête, s'accrochant à son bras.

— Je crois.

Sa voix tremblait.

Jessy les rejoignit.

— Ce *débile* a failli te tuer !

Une foule de jeunes sortaient de la maison se répandant sur la pelouse pour contempler le carnage.

Sandra retint son souffle. Comment allait Éric ? Les yeux rivés à la fenêtre de la voiture, elle cherchait un signe de vie.

Finalement, la portière s'ouvrit en grinçant. Éric s'extirpa du véhicule avec difficulté. Il se redressa oscillant sur ses jambes en se tenant le front.

Zach se libéra des bras de Sandra et bondit, fonçant droit vers lui.

— Zach, attends ! s'exclama-t-elle.

Dans son état, il risquait de faire une bêtise. Il avait eu une peur bleue et était encore sous le choc. Il était capable de tout.

Sandra courut derrière lui. *Je t'en prie, ne fais pas de folie.*

— Qu'est-ce que t'as essayé de faire ? Me tuer ? hurla Zach.

Éric secoua la tête, la paume de sa main toujours pressée contre son front.

— Réponds !

Zach le bouscula violemment.

Éric trébucha en arrière. Sa main abandonna son front, révélant une vilaine plaie rouge.

Sandra tressaillit. Il était vraiment blessé. Un mince filet de sang coulait sur son visage.

Zach s'avança à nouveau vers lui.

— Non ! cria Sandra en s'interposant entre les deux garçons.

— Je suis désolé, murmura Éric. Je ne sais pas ce qui s'est passé. Vraiment.

— Je vais te le dire ce qui s'est passé, aboya Zach. Tu as essayé de m'écraser.

Du pouce, il montra la foule derrière lui.

— Ils sont tous témoins.

Sandra leva les mains.

— Doucement, Zach. Calme-toi.

— Tu te trompes, se défendit Éric. J'ai freiné comme un malade mais ça n'a rien donné. Je te le jure ! La voiture... ne répondait plus.

Zach ricana.

— Tu espères me faire croire ça ?

Éric se redressa, le fixant droit dans les yeux.

— J'ai été la récupérer tout à l'heure. Les freins marchaient très bien. Mais j'ai l'impression...

Soudain il s'interrompit, baissa à nouveau la tête.

— Écoute... je suis désolé, reprit-il. Je ne sais pas quoi dire d'autre. C'était un accident.

Sandra le regardait avec intensité. *Il m'a appelée Penny. Pourquoi ? Pourquoi ?*

Les paroles d'Andrea lui traversèrent subitement l'esprit : *Les gens reviennent souvent ensemble, Sandra. Aussi terrifiant que cela puisse paraître, ils revivent les horreurs de leur vie passée dans leur vie présente.*

Était-il possible qu'Éric ait été l'un des deux garçons qu'elle avait connus lors de sa vie antérieure ? Un des deux garçons que Penny avait connus en 1958 ?

Éric leva les yeux. Leurs regards se croisèrent.

Sandra se détourna.

— C'était un accident, murmura-t-il une dernière fois comme s'il lisait dans ses pensées.

Zach était dégoûté.

— Tu sais quoi, Éric ? Je n'en suis pas sûr. Je n'en suis pas sûr du tout même.

Mais pourquoi Éric s'en prendrait-il à Zach ? se demanda Sandra. Cela n'avait pas de sens : il le connaissait à peine, non ?

Non ?...

14

Sandra ne put se résoudre à aller au lycée le lundi matin. Elle ne se sentait pas le courage d'affronter ses amies tant qu'elle ne savait pas ce qui se passait.

Et elle se voyait encore moins affronter Éric, ou même simplement se trouver près de lui. Elle se rendait compte qu'il lui faisait peur, maintenant. Elle avait peur de ce garçon qui vivait sous son propre toit.

Prétextant un mal de ventre, elle parvint à convaincre sa mère qu'elle devait rester au lit.

À présent, ils étaient tous partis. La maison était enfin vide.

Elle sortit de son lit et se mit à arpenter sa chambre, bien décidée à élaborer un plan d'attaque.

Que savait-elle avec certitude ?

Très peu de choses, en fait. Elle savait qu'elle avait été Penny Hansen dans une vie antérieure. Si le moindre doute avait pu subsister à cet égard, la séance d'hypnose d'Éric l'avait balayé. Et elle était pratiquement certaine que Penny avait été tuée dans un incendie... avec un des deux garçons.

Éric avait peut-être été l'un d'entre eux.

Il faut que j'en sache plus sur lui.

Peut-être trouverait-elle quelques indices sur sa vie passée dans sa vie actuelle.

Mais comment faire ? Éric était un garçon très secret, en fait. Il ne se confierait jamais à elle. Plus elle y réfléchissait, plus elle s'apercevait qu'elle en savait très peu sur lui : elle n'était même jamais entrée dans sa chambre...

Un sourire s'épanouit soudain sur son visage.

Bien sûr. C'était le moment ou jamais.

Sans la moindre hésitation, elle traversa le couloir sur la pointe des pieds.

La porte d'Éric était entrouverte... La poussant du bout des doigts, elle se glissa à l'intérieur.

La chambre était sombre et presque nue. Pas de poster sur les murs, rien, aucune image. Il avait à peine déballé quelques affaires depuis son emménagement. Plusieurs cartons étaient encore empilés au pied du lit.

Sandra se pencha sur un carton ouvert. Il était rempli de vieux disques : des 45 tours en vinyle introuvables, à part dans des boutiques spécialisées.

Sandra sursauta en lisant le titre du disque au sommet de la pile : *Forever mine.*

Pas étonnant qu'il la connaisse par cœur!

C'était vraiment bizarre.

Éric avait paru surpris de s'être rappelé les paroles. Il avait dû faire semblant. Mais pour quelle raison?

Sandra examina un autre carton. Des magazines. Qu'elle se mit à feuilleter. Il y avait là des bandes dessinées, quelques numéros d'une revue de mécanique... mais tous avaient quelque chose d'étrange : ils étaient jaunis, en mauvais état. Elle chercha les dates de publication.

Tous avaient été édités en 1958.

Le cœur de Sandra rata un battement. Là, ça devenait *plus* que bizarre.

Pourquoi Éric gardait-il tous ces vieux trucs? Était-il obsédé par les années 50?

Elle sortit un *Captain Marvel* d'un des cartons. Une feuille de papier s'en échappa, flotta jusqu'au sol. Elle reposa l'illustré dans le carton pour ramasser la feuille.

C'était un menu.

Un menu du *Burger Hop*! Cet endroit qui avait fermé près de quarante ans auparavant...

Le cœur battant, elle le parcourut du regard.

Hamburger Deluxe : 25 cents.

Cheeseburger Deluxe : 30 cents.

Pas de doute ! Des prix pareils n'existaient qu'en 1958.

Tout ce que possédait Éric semblait dater de 1958. C'était plus qu'une obsession, comprit Sandra. Cela faisait partie de lui. C'était l'indice qu'elle recherchait.

Il *était* de l'époque de Penny. Quelle autre explication possible ?

***

— Je peux t'aider ? demanda un vendeur aux longues dreadlocks s'échappant de sous sa casquette de base-ball. Tu cherches quelque chose en particulier ?

Sandra secoua la tête en contemplant les bacs bourrés de disques.

— Non, merci. Je vais me débrouiller.

Le vendeur s'éclipsa. Fermant les yeux un instant, Sandra soupira. Qu'est-ce qu'elle faisait ici ?

Après avoir tourné en rond dans sa chambre toute la matinée, elle s'était soudain décidée à sortir. Et, sans réfléchir, elle s'était rendu droit au SH-BOOM, une petite boutique spécialisée dans les disques vinyle.

Peut-être nourrissait-elle le vague espoir qu'en écoutant de vieux enregistrements des années cinquante, quelques souvenirs enfouis remonteraient à la surface. Mais devant ces centaines de 45 tours, elle se sentait un peu plus idiote à chaque seconde. Elle n'avait jamais *entendu* aucune de ces chansons...

Elle s'arrêta. Non, ce n'était pas tout à fait vrai. Elle avait entendu l'une d'entre elles. Celle qui se trouvait là devant elle. *Forever mine.*

Elle s'empara du disque. Elle avait besoin de l'écouter.

Elle se dirigea vers la cabine située au fond du magasin.

L'endroit était plutôt sympa. Le propriétaire avait installé une cabine insonorisée pour que les clients puissent vérifier l'état des disques. La petite pièce, meublée d'un divan obèse, était décorée de vieilles affiches de films des années cinquante et d'un électrophone adéquat.

Après avoir refermé la lourde porte vitrée, Sandra sortit le disque de sa pochette. Le plastique noir avait un aspect terne, fatigué. Saisissant délicatement la galette par les bords, elle la posa sur la platine avant de soulever l'aiguille.

Le disque se mit à tourner.

Elle descendit avec précaution le diamant sur les premiers sillons du disque.

Un crachotement jaillit des haut-parleurs.

Sandra s'installa sur le divan.

« *You are forever mine,* chanta une voix d'homme. *Until the end of time...* »

Sandra fronça les sourcils. Elle reconnaissait la mélodie. Après tout, elle avait entendu Éric l'interpréter.

La chanson se poursuivait. Elle était belle, entêtante... mais rien de plus. La musique ne lui rappelait aucun souvenir caché. Ne réveillait aucune peur enfouie.

Peut-être fallait-il qu'elle essaie à nouveau.

Dès que le morceau fut terminé, Sandra replaça l'aiguille au début.

« *You are forever mine... until the end of time.* »

Rien. Toujours rien. Sandra la connaissait par cœur, à présent; elle était capable de la chanter jusqu'au dernier vers.

Une dernière fois.

Elle repassa le disque. Les accords d'introduction désormais familiers retentirent dans les haut-parleurs. Ses lèvres reproduisaient silencieusement les paroles tandis qu'elle fixait le petit disque noir qui tournait, encore et encore...

Attends un peu.

Avait-elle quelque chose dans l'œil?

Sa vision se troublait. Elle cligna des paupières à plusieurs reprises, se frotta les yeux... le tourne-disque lui apparaissait comme à travers un nuage de vapeur. Quand elle regarda autour d'elle, elle eut l'impression que la pièce était remplie de brouillard.

Elle renifla.

Oh-oh!

Était-ce une vague odeur de fumée?

Y avait-il quelque chose qui brûlait ici? Sandra examina vivement la pièce, se pencha derrière le divan.

Pas de feu.

Mais il faisait... plus chaud.

La température avait monté d'un cran. Sans le moindre doute. Une chaleur sèche l'enveloppa.

Le feu!

Il y avait le feu quelque part.

La fumée s'épaississait autour d'elle. Elle suffoquait.

Je n'arrive plus à respirer!

Où était le foyer? Où?

— Au secours! s'étrangla-t-elle en agitant follement les mains. Ça brûle! Ça brûle!

15

Personne ne répondit à ses hurlements torturés.

Elle en savait la raison. Bien sûr. La cabine était insonorisée.

Il faut que j'arrive à la porte.

Que je sorte d'ici.

Elle bondit, bras tendus, tâtonnant devant elle à l'aveuglette. Mais la chaleur infernale la repoussa, comme une main brûlante posée sur sa poitrine. Des flammes jaillirent autour d'elle.

Retenant son souffle, elle se redressa à nouveau.

Banda tous ses muscles.

Soudain, quelque chose jaillit de la fumée et l'attrapa férocement par le bras.

« Hé ! » gémit-elle.

C'était une main. Une main sans corps, solitaire et impitoyable, dont l'étreinte l'immobilisait sur place. Elle essaya de desserrer les doigts qui l'emprisonnaient.

Impossible. Elle était trop faible.

Des points rouges se mirent à danser devant ses yeux. Elle les ferma, prise de vertige... au bord de l'évanouissement.

Qui es-tu ? Pourquoi ne me laisses-tu pas ? Pourquoi veux-tu me tuer ?

Dans le chaos de fumée et de flammes, elle ne distinguait que les doigts... ces longs doigts puissants enfoncés dans sa chair.

Une dernière ruade désespérée. Elle frappa de toutes ses forces de son poing libre. Mais son coup se perdit dans la fumée. Les doigts implacables restèrent noués autour de son bras.

— Éric ? demanda-t-elle entre deux quintes de toux. Éric... c'est toi ?

Pas de réponse.

— Éric, je t'en prie, lâche-moi, supplia-t-elle. *Je t'en prie.*

Seul le crépitement des flammes lui répondit.

Puis elle entendit des coups. Comme quand on martèle une porte.

Quelqu'un essayait-il d'entrer ? Quelqu'un voulait-il la secourir ?

— Aidez-moi ! hurla-t-elle.

Les yeux fermés, elle rassembla ses dernières forces pour crier à nouveau.

— *Au secours !*

La puissante main l'abandonna.

Sandra ouvrit les yeux.

Elle vit le vendeur. Il cognait furieusement à la porte vitrée. Les yeux écarquillés, ses lèvres articulaient une question muette : Vous allez bien ?

Aussi vite qu'il était apparu, le feu avait disparu.

La pièce était aussi calme que quand elle y était entrée.

Plus de fumée. Plus de flammes. Rien.

Le vendeur manœuvra la poignée, parvenant enfin à ouvrir la porte.

— Vous allez bien ? Je vous ai vue faire des gestes et hurler...

Sandra le fixait, hébétée, incapable de répondre.

Non, je ne vais pas bien. Je suis en train de devenir dingue.

Il fit un pas vers elle.

— Écoutez, vous devriez peut-être...

Le bousculant, Sandra sortit en trombe du magasin.

***

Le téléphone sonnait juste comme elle rentrait chez elle. Elle se précipita dans la cuisine et décrocha au milieu de la deuxième sonnerie.

— Allô ? fit-elle à bout de souffle.

— Salut, c'est Zach.

Elle ferma les yeux. De sa vie elle n'avait été aussi heureuse d'entendre sa voix.

— Zach, murmura-t-elle, serrant le combiné contre son oreille comme si cela pouvait la rapprocher de lui.

— Je voulais juste savoir comment tu allais. Tu n'étais pas en cours aujourd'hui et je me demandais...

— Zach, il faut que tu viennes, le coupa-t-elle. *Tout de suite.*

Il ne répondit pas immédiatement.

— Euh... j'ai l'entraînement. Ça ne va pas ?

— Non, ça ne va pas, répondit-elle en tortillant anxieusement le cordon du téléphone.

Elle jeta un regard à l'horloge au-dessus du réfrigérateur. Trois heures et quart. Les cours venaient de finir. Éric devait être en route. Il serait là d'une minute à l'autre. Il fallait qu'elle quitte cette maison avant son retour.

— Sandra, qu'y a-t-il ? Il s'est passé quelque chose ?

Elle secoua la tête.

— Je ne sais pas par où commencer. Mais, en gros, il y a eu un autre... épisode.

— Oh, non !

— C'était comme quand Andrea m'a hypnotisée. Sauf que cette fois je n'étais pas sous hypnose, je n'étais pas en transe. J'étais dans une boutique de disques. Dans la cabine, et tout d'un coup...

— Attends un peu, la coupa Zach. Qu'est-ce que tu fabriquais dans une boutique de disques ? Je croyais que tu étais malade.

Sandra se mordit la lèvre en fixant l'aiguille de l'horloge qui n'arrêtait pas de tourner. Sa vie n'avait plus aucun sens... et elle le savait. Tout le monde le savait.

— J'ai fait semblant, Zach, avoua-t-elle. Je suis trop angoissée pour aller au lycée. Il fallait que je reste à la maison. Je voulais chercher des choses sur Éric. Je me suis dit que, peut-être, en fouillant sa chambre...

— Éric, grogna-t-il. Tu as trouvé quelque chose ? Un manuel sur la meilleure façon de provoquer des accidents, peut-être ?

— Non, en fait, j'ai surtout trouvé de vieux 45 tours, uniquement des disques des années 50. Mais il n'avait pas installé son tourne-disque. C'est pour ça que je suis allée au SH-BOOM.

— Des vieux disques ?... Bizarre.

— Tu l'as dit, c'est vraiment bizarre... Zach, je crois qu'Éric est mêlé d'une façon ou d'une autre à ma vie antérieure. Andrea m'a expliqué que, très souvent, les gens se réincarnent ensemble.

Il soupira.

— Bon sang, c'est... Je ne sais pas quoi dire.

— Et tu ne sais pas tout, enchaîna-t-elle, impatiente à présent de parler à quelqu'un, de se confier. J'ai pris ce disque dans la cabine d'écoute. Je l'ai passé. Tout allait bien... jusqu'à la troisième écoute. Là, j'ai eu une espèce de vision. J'étais prise dans un incendie, comme dans mon cauchemar. Sauf que cette fois, il y avait quelqu'un avec moi qui me retenait, qui essayait de me tuer. Et je ne pouvais pas voir qui c'était.

Sa voix se brisa.

— Zach, j'ai eu une de ces peurs...

— Je... je vois.

Sandra retint son souffle. Elle avait secrètement espéré qu'il trouverait les mots pour la réconforter, qu'il lui assurerait qu'elle ne devenait pas folle, que rien de tout ça n'était réel. Mais il ne le faisait pas. En fait, il semblait aussi effrayé qu'elle.

— Écoute, dit-il finalement, si cette Andrea s'y connaît en vies antérieures, tu devrais peut-être la revoir... Elle pourrait sans doute t'expliquer des choses.

Sandra hocha la tête. Ce n'était pas une mauvaise idée. Elle avait besoin de réponses à ses questions.

— Tu as raison. De toute façon, il faut bien que je fasse quelque chose.

— Moi aussi, fit-il d'une voix sourde.

— Quoi, toi aussi ?

Elle le sentit hésiter.

— Je ne voulais pas t'en parler mais moi aussi j'ai eu un cauchemar. Hier. Exactement comme le tien. J'ai rêvé que j'étais pris dans un incendie.

Sandra ouvrit de grands yeux. *Oh !...*

— J'entendais quelqu'un qui riait, poursuivit-il. Un rire démoniaque, un peu comme dans les films d'horreur. J'essayais de m'échapper. Mais je n'arrêtais pas de me cogner à du métal brûlant. C'était comme... tu sais ce que ça fait quand on touche une voiture qui est restée trop longtemps au soleil ?

— Oui.

— C'était pareil. Et juste au moment où j'ai cru que j'allais mourir, quelque chose d'autre m'a touché. Une main de *fille*. Qui prenait la mienne.

Sandra essayait de continuer à l'écouter mais ses pensées filaient trop vite pour qu'elle se concentre. *Une main de fille ?*

La sienne ?

Était-ce possible ? Zach était-il lui aussi dans son autre vie ?

Après tout, pourquoi pas ? Sous hypnose, elle avait mentionné *deux* garçons, Gary et Paul.

Et maintenant, Zach et Éric.

Peut-être... Mais alors, qui était qui ?

— ... et il y avait une chanson, aussi.

La voix de Zach lui parvint, assourdie :

— Un truc qui disait « *Forever mine* », je crois. Et puis...

Sandra se sentit blêmir.

— Attends, Zach ! Tu as bien dit « *Forever mine* » ?

— Oui. Pourquoi ?

Ses lèvres tremblaient.

— Parce que c'est la chanson que j'écoutais dans la cabine.

Silence.

Un long silence.

— Zach ? murmura-t-elle.

— J'arrive !

16

— Je suis contente que vous soyez venus me voir, dit Andrea. Vous allez bien, tous les deux ?

Sandra lança un coup d'œil nerveux vers Zach. Ils se tenaient sur le porche de la maison d'Andrea. Même si c'était lui qui avait suggéré de venir, il ne semblait pas franchement rassuré.

— Euh... pas vraiment, avoua Sandra. Cette histoire est en train de tourner au cauchemar. J'espérais... en fait, *nous* espérions que vous pourriez nous aider.

Andrea hocha la tête. Ses boucles d'oreilles tintèrent.

— Je vois. Entrez.

Sandra agrippa la main de Zach, l'entraînant dans le couloir sombre en direction de l'escalier étroit. Une odeur d'encens flottait dans l'air, plus suave que dans son souvenir.

Andrea ouvrit une porte et leur fit signe.

— Après vous.

Ils s'assirent tous deux au bord du lit. Dans la lueur des chandelles, leurs ombres vacillaient sur les murs.

— Bien, fit Andrea en faisant apparaître son tabouret.

À la surprise de Sandra, elle tira les rideaux et ouvrit la fenêtre, emplissant la pièce de lumière et d'air frais. L'ambiance parut aussitôt moins confinée. Moins ésotérique, aussi.

— Dites-moi ce qui s'est passé.

— J'ai eu une vision, répondit Sandra le plus calmement possible. J'étais à nouveau au milieu d'un incendie. Et je viens d'apprendre que Zach a fait un cauchemar à propos d'un feu, lui aussi.

Andrea se pencha vers lui.
— Ça ne me surprend pas, dit-elle. Vous êtes ensemble maintenant. Il se peut que vous ayez été ensemble dans une autre vie.
Le regard de Sandra s'égara à nouveau du côté de Zach.
— À propos de cette vision, Sandra, s'enquit Andrea, y a-t-il eu une différence avec tes rêves ou tes séances sous hypnose ?
— Oui : il y avait quelqu'un d'autre avec moi. Quelqu'un qui me voulait du mal. Mais je ne sais pas qui c'était.
Pensive, Andrea se tapota le menton d'un ongle verni de noir.
— Le garçon dont Penny avait peur ? suggéra-t-elle.
— Peut-être. Je ne sais pas.
— Veux-tu que je t'hypnotise à nouveau ? proposa Andrea.
Sandra secoua la tête.
— En fait, j'espérais que vous hypnotiseriez Zach.
— *Quoi ?* s'écria celui-ci, stupéfait.
— C'est une excellente idée, approuva Andrea. Si Zach a vraiment fait partie de ta vie antérieure, il se peut qu'il nous fournisse des éléments nouveaux.
Zach se passa une main fébrile dans les cheveux.
— Je ne sais pas trop...
— Il n'y a rien à craindre, Zach.
Dans un geste apaisant, Andrea posa la main sur son genou.
— C'est plus sûr que le sommeil. Et je peux te réveiller à tout moment.
Sandra lui serra la main.
— Je serai là.
Il céda.
— D'accord. Je vais le faire. Je ferai tout ce qu'il faut pour qu'on se sorte de cette galère.
— Bien.
Andrea s'empara d'une chandelle.
— Maintenant, je veux que tu te détendes.
Sandra étudia le visage de Zach tandis qu'il fixait la flamme. Petit à petit, ses muscles se relâchèrent. Ses traits se détendirent. La voix profonde, envoûtante, d'Andrea flotta dans la pièce. Elle comptait lentement. Ce simple décompte faillit plonger Sandra dans le sommeil hypnotique.

— Trois... deux... un, acheva Andrea. À présent, tu dors profondément. M'entends-tu ?

— Oui, répondit Zach d'une voix monocorde.

— Bien.

Andrea se leva et alla enfoncer une touche sur son magnétophone avant de se revenir vers lui.

— Je veux que tu voyages dans le temps, dans le passé... loin, très loin avant ta naissance. Que tu reviennes à une autre vie. Tu comprends ?

— Oui.

— En quelle année sommes-nous ?

Zach ne répondit pas. Ses sourcils tressaillirent.

Oh-oh !

Un signal d'alarme retentit dans l'esprit de Sandra. Zach commençait à respirer difficilement... exactement comme Éric à la fête de Lise.

— Arrête, chuchota-t-il. Non, s'il te plaît, ne...

— Qu'y a-t-il ? demanda Andrea d'une voix ferme mais détendue. Que vois-tu ?

— De la fumée... Il y a de la fumée.

Il se passa la langue sur les lèvres. Une expression de souffrance déformait ses traits.

— Peux plus respirer...

Sandra déglutit avec peine. Elle lança un regard anxieux vers Andrea mais celle-ci ne parut pas le remarquer. Elle restait complètement concentrée sur Zach.

— Où es-tu ? lui demanda-t-elle.

— Penny ! hurla-t-il, s'agitant violemment.

Il secoua la tête.

— Elle est ici. Il faut la sauver. Le feu ! Au secours ! Aidez-nous !

— Réveillez-le, supplia Sandra.

Andrea acquiesça.

— Tu n'es pas en danger, dit-elle d'une voix apaisante. Le feu se calme. Ta respiration redevient normale...

— Penny !... gémit Zach.

Il se couvrit le visage des deux mains.

— Penny... ne meurs pas!
— Réveillez-le! cria Sandra. *Tout de suite!*
Andrea frappa dans ses mains.
— Zach, écoute...
— ... peux pas continuer, sanglota-t-il.
Il bondit sur ses pieds, le visage toujours enfoui dans ses mains.
— Zach! appela Sandra. Il est encore en transe!
Elle l'agrippa mais il lui échappa.
Pour marcher droit vers la fenêtre ouverte.

17

— Zach ! hurla Sandra, glacée d'horreur. Arrête !

Andrea plongea, l'attrapa par les épaules. Mais les jambes de Zach continuaient à fonctionner mécaniquement. Comme s'il ne pouvait plus les contrôler. Comme s'il s'apprêtait à sauter par la fenêtre ouverte.

— Penny ! cria-t-il, les traits déformés par l'angoisse, les yeux clos.

Ce cri eut pour résultat de sortir Sandra de son hébétude. Elle bondit à son tour, le saisit par la taille. Ensemble, Andrea et elle parvinrent à le maintenir couché sur le sol.

— Zach, écoute-moi, ordonna Andrea. Je vais compter à rebours jusqu'à un.

Il se débattait sous elles.

— Quand je prononcerai le chiffre un, tu te réveilleras.

Il faut que ça marche, se répétait Sandra, affolée.

— Maintenant, tu reviens ici, Zach, commanda Andrea. Cinq, quatre, trois, deux, *un*.

Elle avait presque crié.

Le corps de Zach devint mou.

Est-ce que ça a marché ? se demanda Sandra.

Il ouvrit les paupières. Une larme solitaire glissa sur sa joue.

Sandra s'accrocha à lui.

Pendant un instant, seuls leurs souffles haletants troublèrent le silence de la pièce.

— Zach, murmura Andrea en lui soutenant la tête. Zach, es-tu réveillé ?

Il cligna des paupières.

Réponds-lui, pria Sandra en silence.

— Est-ce que tu m'entends, Zach? demanda Andrea, le visage tout près du sien.

— Oui, murmura-t-il. Où... où suis-je?

Ses yeux parcoururent la pièce.

— Penny! s'écria-t-il quand il vit Sandra.

Elle secoua la tête. Elle lui serra le bras de toutes ses forces.

— Non, Zach. C'est moi. Sandra. Tu es réveillé à présent.

Il renifla, les yeux toujours braqués sur elle.

— C'est Sandra, répéta-t-elle, incapable de masquer sa peur.

Il hocha la tête. Enfin, une lueur de conscience apparut au fond de son regard.

— Sandra. Sandra... c'était... terrible.

— Que s'est-il passé, Zach? s'enquit Andrea. Est-ce que tu t'en souviens?

Il hocha à nouveau la tête, utilisant sa main libre pour essuyer son visage humide.

— Oui. J'y étais... J'y étais.

Sandra adressa un bref regard empli de crainte à Andrea.

— Où étais-tu? demanda celle-ci.

Il inspira profondément, avec difficulté.

— Dans l'incendie. Sandra... je sais ce qui s'est passé.

Il plissa les yeux comme s'il comprenait quelque chose pour la première fois.

— J'y étais. Avec toi.

— Raconte-moi.

Elle abandonna son bras pour passer une main rassurante dans ses boucles noires.

— On était ensemble, commença-t-il d'une voix rauque. On sortait ensemble, comme maintenant.

Sandra hocha la tête, lui caressant la joue avec douceur.

— Je le savais, murmura-t-elle. Je le savais.

Andrea ouvrit de grands yeux.

— Vraiment?

Sandra soupira.

— Oui, mais je viens à peine de m'en rendre compte. J'ai toujours su qu'il y avait quelqu'un d'autre dans l'incendie avec moi. Mais je n'ai jamais pu voir qui c'était.

— C'était moi, fit Zach. On est morts ensemble.

Ses traits se durcirent.

— Mais il n'y a pas que ça, Sandra. Je sais autre chose aussi. Cet incendie a été provoqué. Quelqu'un l'a allumé.

Une pause.

— On a été assassinés.

— Comment le sais-tu ? demanda Andrea.

— J'ai entendu un rire, un rire dément. C'était le meurtrier qui riait de nous voir mourir brûlés vifs.

Sandra hocha la tête. Elle comprenait mieux à présent. Après tout, elle avait senti cette main dans la cabine... cette main qui la retenait dans les flammes. Quelqu'un *voulait* qu'elle meure.

— Et tu sais qui c'était, Zach ? insista Andrea.

Il n'hésita pas une seconde.

— Éric, répondit-il d'une voix grave. Je ne l'ai pas vu. Mais ça ne peut être que lui. Qui d'autre aurait pu t'appeller *Penny* comme il l'a fait hier ?

Bien sûr, pensa Sandra.

Elle aussi avait pensé à Éric. Mais pour quelque obscure raison, un doute lancinant continuait à la tarauder.

Pourquoi ? Peut-être refusait-elle d'admettre sa culpabilité parce que la vérité était tout simplement trop horrible à affronter.

— Qui est Éric ? demanda Andrea.

— Le fils de mon beau-père, expliqua Sandra. Mais comment le sais-tu, Zach ? Comment peux-tu en être sûr à cent pour cent ? poursuivit-elle d'une voix qu'elle avait de plus en plus de mal à contrôler.

— J'ai *vu quelqu'un* là-bas, Sandra.

Zach se redressa, s'adossant au lit avant de poursuivre :

— On était prisonniers dans un bâtiment en feu. Toi et moi. Mais il y avait un trou dans le mur. Et, de l'autre côté de ce trou, j'ai vu un garçon. Un garçon qui s'appelait Gary. Penny l'a appelé Gary.

Andrea acquiesça.

— Oui. Celui qui travaillait à la station-service.

— Sûrement ! s'écria Zach. Il portait un bleu de travail.

Sandra secoua la tête.

— Mais comment sais-tu qu'Éric était Gary ?

— Je ne sais pas, Sandra, avoua Zach. Je ne l'ai pas très bien vu. Mais j'ai le sentiment que ça ne peut être que lui.

— Zach... laisse-moi te demander quelque chose, intervint Andrea. Tu essaies de nous dire que Sandra vit avec un meurtrier ?

— Oui. Un meurtrier dans une autre vie. Et peut-être un meurtrier dans celle-ci aussi....

— Attends ! Arrête ! protesta Sandra avec véhémence. On est en train de sauter un peu vite aux conclusions. Je veux dire, je ne suis pas encore totalement convaincue que ce soit Éric qui ait tué Penny. Et même si c'était lui, qu'est-ce qui te fait croire qu'il serait prêt à tuer quelqu'un *maintenant,* dans le présent ?

Zach secoua tristement la tête.

— Réfléchis, Sandra. C'est la seule explication. Il a failli te tuer avec la porte du garage.

— Le réparateur a dit que c'était un accident. Que le mécanisme était détraqué.

— Éric n'est pas complètement stupide, rétorqua Zach avec une impatience grandissante. Il se débrouille pour donner le change, pour avoir toujours une excellente excuse. Tu as bien vu ce qui s'est passé hier. Il a failli m'écraser, Sandra. Il est là chaque fois qu'un accident se produit.

Sandra baissa les yeux.

Zach avait raison. Elle ne pouvait le nier.

— Il essaie de nous faire du mal, insista Zach.

Andrea posa une main sur l'épaule de Sandra.

— Ceci est très sérieux. Je t'ai déjà dit qu'il est fréquent que les gens se réincarnent ensemble. Surtout lorsque quelque chose dans le passé n'a pas été résolu.

Sandra fit volte-face.

— Mais qu'est-ce qui n'a pas été résolu ? s'écria-t-elle. Il nous a *tués.* Difficile de trouver plus définitivement résolu que ça.

— Tout dépend des circonstances, répondit doucement Andrea. Il y a des tas de choses qui t'échappent encore, tu l'as reconnu toi-même. La chose essentielle à retenir de tout cela, Sandra, c'est que tu dois faire attention. Le passé a souvent tendance à se répéter...

Instinctivement, Sandra eut un mouvement de recul.

— Vous voulez dire...

Elle fut incapable de terminer sa question.

Zach la saisit par le bras.

— Elle veut dire que nous sommes en danger. Que ce soit Éric ou pas, quelqu'un revenu du passé essaie de nous tuer.

18

Sandra se redressa en sursaut.

Elle inspira de grandes goulées d'air, passa ses mains tremblantes sur ses bras.

Un autre rêve. Elle venait de refaire ce terrible cauchemar où elle était prise dans un incendie.

J'ai failli voir son visage.

Elle frissonna et remonta sa couette jusqu'au menton. Dans le rêve, elle avait entraperçu le visage du meurtrier.

Mais était-ce Éric ?

Le garçon avait des cheveux noirs, bouclés – comme Éric. Et il était grand et mince. Mais cela signifiait-il quelque chose ? Les gens revenaient-ils toujours sous la même apparence ? Elle avait envie d'appeler Andrea pour lui poser la question mais elle n'osait pas lui téléphoner au milieu de la nuit.

Le parquet craqua sur le palier, juste devant la porte de sa chambre.

Sandra plissa les yeux, fixant le mince rai de lumière sous la porte. Une ombre passa, s'immobilisa.

Sandra retint son souffle.

La poignée tourna doucement.

Elle recula dans son lit, le cœur cognant dans sa poitrine. Elle se mordit la lèvre afin de s'assurer qu'elle n'était pas encore en train de rêver.

La porte s'ouvrit.

Elle arrêta de respirer.

Éric.

Sa silhouette sombre se découpait dans le rectangle jaune.

Puis il s'avança vers elle.
— Noooon ! hurla Sandra d'une voix étouffée en s'enfouissant sous la couette.
L'interrupteur claqua. La lumière inonda la chambre.
— Sandra ? Ça va ?
Lentement, elle émergea.
— Qu'est-ce que tu veux ? Va-t'en !
— Je voulais juste voir si tu allais bien, dit Éric. Je t'ai à nouveau entendue crier dans ton sommeil et je me suis dit...
— Pourquoi gardes-tu tous ces vieux trucs dans ta chambre ? explosa-t-elle soudain, incapable de se contenir.
Il en resta bouche bée.
— *Quoi ?*
— Tu sais très bien de quoi je parle. Tous ces vieux disques. Et ces magazines. Ne nie pas.
Il la toisa, les yeux étrécis.
— Tu as fouillé ma chambre ?
— Réponds à ma question ! s'écria Sandra.
Il secoua la tête avec amertume.
— Je vois. Apparemment, la vie privée, on ne connaît pas, dans cette famille...
— Arrête ! Je ne plaisante pas !
Il battit en retraite vers le couloir.
— Sandra, je ne vois vraiment de quoi tu parles. Je ferais peut-être mieux de te laisser...
— Pourquoi as-tu acheté tous ces vieux disques ? cria-t-elle.
— Chuuut ! chuchota-t-il en plaçant un doigt sur ses lèvres. Pas si fort. Tu vas réveiller les parents.
Il lança un regard furtif derrière lui.
— Je ne vois pas en quoi le fait que je collectionne les 45 tours te regarde ? dit-il.
— Parce que tu as fait semblant de ne pas connaître les paroles de *Forever mine*, rétorqua-t-elle. Alors que tu *possèdes* le disque.
Pendant un instant, il se contenta de la dévisager, l'air impassible. Puis il se mit à rire.
— Parce que je ne pensais vraiment pas les connaître à ce

point. Ça fait un sacré bout de temps que je n'ai pas écouté ce disque, et je n'ai toujours pas branché ma stéréo.

Il était vraiment malin, elle devait l'admettre. Il avait toujours réponse à tout.

— Pourquoi avoir acheté précisément ce disque ?

Il grimaça.

— Parce que je fais collection de vieux vinyles, O.K. ? C'est illégal, peut-être ?

— Et j'imagine que tu fais aussi collection de vieux magazines ?

— Pour tout dire, oui. Je collectionne des tas de trucs. Qu'est-ce que ça peut te faire, Sandra ?

— Des vieux menus, aussi ? enchaîna-t-elle, ignorant sa question. Les menus du *Burger Hop ?*

Il hésita.

— En fait, non, répondit-il, sarcastique, presque condescendant, comme s'il s'adressait à une gamine de dix ans. J'imagine que ce truc a été oublié dans une vieille bande dessinée que j'ai achetée, et qu'il y est resté pendant toutes ces années.

— Ça ne marche pas, Éric, fit-elle d'une voix coupante, les yeux brillants. Je ne te crois plus. *Plus personne* ne te croit.

Il mit les mains sur les hanches.

— Croire *quoi ?* De quoi est-ce que tu parles ? Si tu arrêtais de t'exprimer par énigmes, et si tu disais quelque chose de clair et de sensé pour changer ?

— Comme tu veux, répliqua-t-elle sans se démonter.

Si c'était ça qu'il voulait, elle allait lui en donner, des explications.

— Tu as essayé d'écraser Zach, hier, devant chez Lise.

Il se décomposa.

— Tu es sérieuse ?

— Tu m'as poussée dans les escaliers du lycée, enchaîna-t-elle, implacable.

Pas question de se laisser interrompre, il chercherait à l'embrouiller.

— Tu as trafiqué la prise de la cuisine pour qu'il y ait un court-circuit. Et la porte du garage pour qu'elle bousille la voiture, et nous avec, accessoirement. Tu as fait tout ça. Et tu n'es pas près de t'arrêter. Tu ne t'arrêteras pas tant que tu ne nous auras pas tués, Zach et moi.

La bouche d'Éric s'ouvrit et se referma mais aucun son n'en sortit.

Bien sûr.

Il n'avait rien à répondre.

Tout était vrai.

— Tu essaies de nous tuer! s'emporta-t-elle. Tu essaies de nous tuer maintenant, comme tu nous as tués en 1958 dans ta vie passée. Tu nous as fait brûler, Paul et moi, dans ce garage où tu travaillais. Tu es Gary et tu nous as tués. Tu veux nous voir morts. Tu sais que c'est vrai. Tu m'as appelée Penny l'autre jour.

Il fit un pas vers elle, les yeux écarquillés, les mains tendues.

— Sandra, écoute-moi. Il faut qu'on parle de tout ça.

— Ne t'approche pas, l'avertit-elle d'une voix sourde. Je suis sérieuse. Va-t'en.

— Sandra, *s'il te plaît*. Tu dois m'écouter. Quand je t'ai appelée Penny l'autre soir, c'était un gag. Je connaissais ce prénom parce que Mallory me l'avait dit. Mais je n'étais pas sous hypnose. Je faisais semblant. J'ai fait semblant pendant toute la séance. Je voulais juste m'amuser un peu à vos dépens.

— Tu mens!

— Non, je ne mens pas. C'était une très mauvaise blague, je le reconnais. Je suis désolé.

— Va-t'en! hurla-t-elle.

19

À peine Éric eut-il fermé la porte que Sandra s'empara du téléphone, sur la table de nuit. Il fallait qu'elle parle à quelqu'un. Mallory.

— Allô ? fit la voix ensommeillée de son amie à la troisième sonnerie.

— C'est moi, chuchota Sandra. Je te réveille ?

— Euh... un peu. Qu'est-ce qu'il se passe ?

— Mallory, je pense qu'Éric m'a tuée dans une vie antérieure.

— Hein ? Attends, Sandra, calme-toi. Qu'est-ce qui te fait dire ça ?

— Je ne sais pas trop, en fait. Toute cette histoire est complètement dingue.

— Sandra, écoute-moi. Tu n'es pas en train de devenir dingue. Tu traverses une sale période, c'est tout. Mais tout va s'arranger. Crois-moi.

Sandra ne répondit pas. Qu'y avait-il à répondre à ça ?

— Je te le promets, on va découvrir le fin mot de cette histoire, poursuivit Mallory. Toutes les deux ensemble. D'accord ?

Sandra inspira un bon coup. Malgré l'envie qu'elle avait de croire son amie, elle n'y parvenait pas.

— D'accord, dit-elle. Merci, Mallory.

Mais ces mots étaient vides.

— Pas de problème, répondit celle-ci en bâillant. Excuse...

— Non, c'est moi qui m'excuse, la coupa Sandra, soudain gênée de l'avoir dérangée si tard. Je te laisse dormir.

— On se voit demain, d'accord ? dit Mallory.

— D'accord.

⁂

La journée suivante passa comme dans un brouillard. Dévorée d'angoisse, Sandra était incapable de prêter la moindre attention à ses cours. Elle avait une peur panique de croiser Éric.

Heureusement, il s'était réveillé tard et elle en avait profité pour partir avant qu'il ne se lève. La sonnerie annonçant la fin des cours résonna comme une délivrance, mais le soulagement fut de courte durée. Sandra savait qu'elle ne pourrait pas toujours éviter Éric : il faudrait bien qu'elle rentre chez elle un jour.

— Tu sais quoi ? fit Zach tandis qu'ils traversaient le parking ensoleillé en direction de sa voiture. J'ai failli oublier quelque chose.

Elle glissa le bras autour de sa taille, se serrant contre lui, comme pour lui soutirer un peu de sa force.

— Tu ne peux plus venir chercher ma voiture avec moi, c'est ça ?

Il gloussa.

— Mais non, c'est pas ça. Bien sûr que je vais t'accompagner. Non, je pensais à quelque chose de bien plus important. Ton anniversaire. C'est demain, tu te rappelles ?

— Ah oui, marmonna-t-elle.

En fait, elle avait oublié. Son dix-septième anniversaire lui paraissait si peu important, vu les circonstances.

Zach la prit par les épaules.

— Tu n'es pas contente ?

— Comment veux-tu que je sois contente ? Je ne sais même pas si je vais vivre jusque-là !

Ils étaient arrivés à sa voiture ; il pivota et la regarda droit dans les yeux.

— Ne dis pas ça. Tout va s'arranger, Sandra.

Ses yeux sombres s'adoucirent.

— Je te le promets, ajouta-t-il.

Elle secoua la tête.

— Si seulement c'était vrai...

Une grosse boule lui obstruait la gorge. Les yeux lui piquaient. Elle était au bord des larmes.

— Qu'y a-t-il ? demanda-t-il en lui soulevant le menton.

Elle se força à ravaler cette boule qui faisait si mal.

— Je ne sais pas si je... je vais tenir le coup.

Il l'étudia attentivement.

— Il s'est passé quelque chose aujourd'hui ?

— Non, non. C'est juste qu'hier soir, j'ai fait un nouveau cauchemar. Toujours le même. Sauf que cette fois, j'ai failli voir le type qui avait allumé le feu. Mais au dernier moment...

Sa voix s'éteignit. Elle croisa le regard de Zach.

— Il faut que je découvre ce qui s'est réellement passé, Zach. Sans ça, je crois que je vais disjoncter pour de bon.

Il acquiesça.

— Tu as parlé à Éric du cauchemar ?

— Non... mais quand je me suis réveillée, je l'ai surpris qui entrait dans ma chambre. Bien sûr, il a prétendu qu'il essayait simplement de m'aider. Qu'il m'avait entendue crier dans mon rêve. Mais j'étais si terrorisée que je lui ai dit que je savais tout sur sa vie antérieure.

Zach plissa les yeux.

— *Quoi ?*

— Je sais, je sais. Ce n'était probablement pas la chose la plus intelligente du monde. Il a dit qu'il n'avait pas la moindre idée de ce dont je parlais. Et aussi, qu'il n'était pas vraiment sous hypnose à la fête, qu'il avait fait semblant, qu'il m'avait appelée Penny pour me faire une sorte de blague.

— Il ment, c'est évident, grommela Zach, les mâchoires crispées. Ne le crois surtout pas.

— Mais qu'est-ce que je peux faire ? s'écria-t-elle, au comble de la frustration. Je *vis* avec lui. Et s'il cherche vraiment à me tuer...

Elle ferma les yeux, essayant désespérément de repousser cette idée.

— Sandra, regarde-moi, ordonna Zach.

Elle mit quelques secondes à lui obéir.

— Ne t'inquiète pas, murmura-t-il.

Jamais elle ne l'avait vu aussi sérieux. Ses yeux étaient comme deux petites pierres noires.

— Demain soir, on va se faire un dîner d'anniversaire. Rien que toi et moi. Et d'ici là, j'aurai trouvé un plan pour empêcher Éric de nous nuire. Il n'y aura plus d'« accidents », je te le jure.

À moitié rassurée, elle eut un sourire tremblant.

— D'accord, murmura-t-elle.

— Tu me crois ?

Elle hocha la tête.

Mais en fait, c'était loin d'être le cas.

Elle ne croyait pas que quiconque puisse arrêter Éric. Quiconque ou quoi que ce soit, d'ailleurs. Pas même quarante années et une autre vie.

⁂

Ce n'est peut-être pas une si mauvaise chose qu'Éric ait bousillé la voiture, pensa Sandra en quittant le garage pour s'engager sur la voie rapide. Depuis qu'elle avait été réparée, elle n'avait jamais aussi bien marché... elle semblait quasiment neuve.

Si seulement elle n'était pas forcée de rentrer chez elle, tout serait parfait.

Elle pouvait peut-être ne pas rentrer directement. L'horloge du tableau de bord lui apprit qu'il était 16 h 45. Il lui restait deux bonnes heures avant le dîner. Les ombres s'allongeaient sur la chaussée, mais le soleil était encore assez haut dans le ciel. Elle avait largement le temps de chercher les réponses à quelques-unes de ses questions.

Elle était censée avoir péri brûlée vive dans un garage.

Mais était-ce vraiment le cas ?

Si elle avait une *preuve* – un fait bien réel et précis –, alors il n'y aurait plus de doute. Un article de journal de l'époque suffirait. Après tout, un incendie dans lequel deux adolescents avaient trouvé la mort, c'était un événement dans une petite ville comme Shadyside. Elle ne devrait pas avoir trop de mal à dénicher quelque chose là-dessus à la bibliothèque.

Elle pouvait aussi poser des questions à quelqu'un qui se souvenait de cette époque. Quelqu'un qui aurait vu ou entendu parler de l'incendie. Mais qui? Peine perdue, se dit-elle en secouant la tête.

C'est alors qu'elle vit la pancarte familière : « Sortie 85 à 400 m ».

Ce fut comme une illumination. Elle connaissait quelqu'un qui avait vécu ici dans les années 50 : le vieux type de la station-service, celui qui lui avait appris que le *Burger Hop* avait fermé en 1960. Si jamais quelqu'un risquait de se souvenir d'un incendie dans un garage quarante ans auparavant, c'était bien lui.

Écrasant l'accélérateur, elle emprunta la rampe de sortie. Quelques secondes plus tard, elle s'engageait à nouveau dans Maple Road. La voiture rebondissait sur les nids-de-poule tandis que de vieilles usines et des maisons délabrées défilaient de part et d'autre de la route. Elle retrouva sans mal la station-service.

Le vieux type mal rasé était toujours assis au même endroit. À croire qu'il n'avait pas bougé depuis la dernière fois.

Sandra sortit de la voiture et se dirigea vers lui d'un pas décidé.

— Je peux vous aider? demanda-t-il d'une voix rocailleuse.

Il ne paraissait pas la reconnaître, ce qui convenait parfaitement à Sandra.

— Euh... oui.

Elle sourit et regarda autour d'elle, une main en visière au-dessus des yeux.

— Cherchez quèque chose?

— Oui, admit-elle. Ça va peut-être vous paraître étrange, mais vous souvenez-vous d'une station-service ou d'un garage qui aurait brûlé, à Shadyside ou dans les environs, en 1958?

Il plissa les paupières.

— Pour sûr que j'm'en souviens.

Donc, c'était vrai.

Il tendit le doigt vers la rue.

— Ça s'est passé à moins d'un kilomètre d'ici. Je m'en souviens comme si c'était hier. Ça a été terrible, vous savez. Une tragédie, comme ils disent.

Je sais, répondit en silence Sandra. Je le sais mieux que vous ne pouvez l'imaginer.

Elle approcha encore du vieil homme.

— Que s'est-il passé exactement ?

Il se frotta le menton d'un air pensif.

— Deux gosses se sont fait coincer à l'intérieur. Des adolescents.

Il dévisagea Sandra un instant.

— Pas plus vieux que vous, probablement. Ils ont brûlé là-dedans et personne a rien pu faire pour les sauver.

À nouveau une pause. Il l'examinait.

— J'suis p'têt'curieux, mais pourquoi ça vous intéresse, cette histoire ?

Elle se passa une main dans les cheveux.

— Parce que... je crois que ma mère a connu l'une des victimes. Il y avait un garçon et une fille, n'est-ce pas ?

— Exact.

Il secoua la tête en soupirant.

— C'est ça qui était si triste dans cette histoire. Je crois que ces deux-là s'aimaient. On les a retrouvés dans les bras l'un de l'autre, comme s'ils voulaient rester ensemble après la mort.

Sandra fut prise de vertige. Un instant, elle crut qu'elle allait s'évanouir.

— Vous ne vous rappelleriez pas leurs noms, par hasard ?

Il lorgna vers le ciel comme si la réponse pouvait être inscrite dans les nuages.

— La fille... je crois que son nom commençait par un H. Hobson, peut-être ? Non, pas Hobson. Hatson...

— Hansen ? suggéra Sandra.

Il claqua des doigts.

— Hansen ! C'est ça. C'était l'amie de votre mère ?

Le cœur de Sandra battait à tout rompre.

— Oui. Et le nom du garçon ? Vous vous rappelez le nom du garçon ?

Il réfléchit longuement.

— Désolé. Ça me revient pas.

Soudain – et cela parut parfaitement incongru –, il se leva.

— Et c'est pas tout, vous savez, ajouta-t-il.

Sandra se figea.

— Que voulez-vous dire ?

— Ben, y a eu une autre mort juste après. Un suicide.

Il recommença à se gratter le menton pensivement.

— Je me souviens pas de tous les détails. Mais je crois que l'autre gosse avait le béguin pour la fille et que c'est lui qui a allumé le feu. En tout cas, c'est ce qu'il a dit dans la lettre. Il expliquait qu'il les avait tués tous les deux et qu'y se suicidait parce qu'y pouvait pas vivre sans elle. Une sacrée histoire, conclut-il en secouant la tête.

— Oui, une sacrée histoire, répéta Sandra en écho.

Mais ses pensées étaient déjà loin. *L'autre gosse avait le béguin pour la fille ?*

Si le passé se répétait vraiment, comme l'avait prédit Andrea, ce garçon du passé ne pouvait être qu'un seul garçon aujourd'hui.

Le sang de Sandra se glaça dans ses veines.

Ce garçon dormait dans la chambre voisine de la sienne.

Éric.

Question : Éric avait-il le béguin pour elle ?

20

— Salut ! s'exclama Mallory avec un sourire surpris en ouvrant la porte. Je ne t'attendais pas.

Son sourire s'effaça tandis qu'elle dévisageait Sandra pardessus les montures de ses lunettes.

— Qu'est-ce qui se passe ?

Sandra essuya son front en sueur.

— Je ne sais pas trop.

Elle se mit à aller et venir sous le porche tout en tripotant nerveusement ses clés de voiture.

— Je viens d'avoir une conversation bizarre dans une station-service.

— Hé, attends ! Calme-toi et entre.

Sandra obéit.

Elle suivit son amie dans sa chambre. Mallory ouvrit la porte, l'invitant à entrer. Les baskets de Sandra couinaient sur le parquet nu. Hormis les livres, qui jonchaient le bureau et la commode, la chambre de Mallory était impeccablement rangée. Rien à voir avec celle de Sandra... Mallory possédait sans doute plus de livres que toutes ses autres amies réunies.

Elles s'assirent sur le lit. Les derniers rayons du couchant se reflétaient sur le plafond.

— Bon, raconte, dit Mallory.

Sandra lui répéta les propos du vieil homme.

— Donc, Gary a allumé l'incendie dans lequel ont péri Penny et Paul, conclut-elle.

— Ce type à la station-service, est-ce qu'il savait *pourquoi* Gary a allumé cet incendie ?

Sandra se mordit la lèvre. C'était le seul détail qu'elle avait omis dans son récit.

— Oui. D'après lui, Gary était amoureux de Penny.

— Oh, non ! s'exclama Mallory. Je croyais que c'était moi qui plaisais à Éric !

— Peut-être que tu lui plais dans cette vie. Mais dans une vie antérieure, c'était de *moi* qu'il était amoureux, expliqua Sandra.

Visiblement agitée, Mallory bondit.

— Mais c'est horrible ! s'écria-t-elle. Tout est en train de se passer exactement comme Andrea l'avait prédit ! Le passé se répète. Vous trois, vous vous retrouvez de nouveau ensemble. Ce qui signifie qu'Éric va vous tuer de nouveau !

— Hé ! Attends un peu, intervint Sandra. Il y a une énorme différence entre avant et maintenant. Gary était amoureux de Penny. Il avait une bonne raison de la tuer. Penny avait dû le repousser. Alors que maintenant, Éric n'est pas amoureux de moi.

Elle avait prononcé cette dernière phrase sans conviction.

— Qu'est-ce que tu en sais ? demanda évidemment Mallory.

— Je n'en sais rien, admit Sandra sans oser soutenir le regard de son amie. Mais il ne se comporte pas comme s'il était amoureux de moi. C'est toi qui l'intéresses. Et puis, Gary s'est suicidé juste après avoir tué Penny et Paul. Pourquoi Éric voudrait-il revivre une chose aussi atroce ?

Mallory secoua la tête.

— Peut-être qu'il ne sait même pas qu'il est en train de répéter le passé.

Sandra fronça les sourcils.

— Que veux-tu dire ?

— Réfléchis. Tu ignorais tout de Penny Hansen jusqu'à la semaine dernière. Zach a su qu'il était Paul hier seulement. Mais vous deux, vous sortez ensemble depuis des mois. *Vous* avez répété le passé depuis un bon moment déjà. Et vous n'en aviez aucune idée.

Sandra digéra cette information. Elle entendit ses clés de voiture tinter. Baissant les yeux, elle s'aperçut que ses mains tremblaient.

— Alors, qu'est-ce que tu en dis ?

Mallory se laissa retomber sur le lit.

— Tout ça est si difficile à croire, soupira-t-elle. Éric me plaît tellement. C'est le garçon le plus gentil que j'aie jamais rencontré.

— Je suis désolée, Mallory.

Sandra n'avait aucun mal à imaginer la peine qu'elle éprouvait... à entendre des horreurs pareilles à propos de quelqu'un qu'elle aimait.

Mallory se redressa.

— Mais il faut voir les choses en face. Andrea dit que la clé de l'avenir se trouve dans le passé. Pour le moment, il semble qu'Éric obéisse à son passé...

— Ce qui veut dire que je n'ai pas d'avenir, conclut Sandra.

***

Dès qu'elle rentra chez elle, Sandra monta droit dans sa chambre et verrouilla la porte. Elle refusa de dîner, prétextant qu'elle n'avait pas faim. En réalité, l'idée d'être assise à la même table qu'Éric lui était insupportable. Pour tout dire, elle n'avait aucune envie de rester une minute de plus sous le même toit.

Que va-t-il m'arriver ? Que va-t-il arriver à Zach...

Le coup frappé à la porte la tira brutalement de ses pensées.

— Maman, je t'ai dit que je n'avais pas faim, grogna-t-elle. Et je n'ai *aucun* problème. Alors, lâche-moi un peu, d'accord ?

— Ce n'est pas ta mère.

Éric !

— Qu'est-ce que tu veux ?

— Te donner quelque chose, c'est tout.

Sandra grimaça. Elle venait d'avoir la vision d'Éric s'engouffrant dans sa chambre pour lui plonger un poignard dans le cœur.

Elle traversa la pièce, tourna la clé et entrouvrit la porte d'un demi-centimètre.

— Ouais ? Qu'est-ce que c'est ?

Il se dandinait d'un pied sur l'autre, avec un petit paquet-cadeau dans les mains.

— C'est pas grand-chose, marmonna-t-il en évitant son regard. Je sais que demain c'est ton anniversaire et je voulais juste m'excuser pour... pour être entré l'autre nuit sans avoir frappé. C'était impoli.

— Excuses acceptées.

— Merci. J'espère que ça te plaira. Bonne nuit et joyeux anniversaire.

Il lui donna le cadeau et s'éloigna.

Sandra poussa un soupir de soulagement avant de contempler le paquet. Un instant, elle fut tentée de le mettre immédiatement à la poubelle.

Elle déchira le papier d'emballage.

Et découvrit un petit écrin de velours.

Elle tressaillit, et l'ouvrit lentement.

À l'intérieur se trouvait une chaîne. Une chaîne en argent avec un médaillon en forme de cœur.

Le genre de collier qu'on offre à une petite amie.

— Oh non ! gémit-elle.

Affolée, elle jeta le collier dans le premier tiroir venu qu'elle referma violemment.

Elle regrettait d'avoir accepté son cadeau.

Mais il n'y avait aucun doute sur ce qu'il signifiait.

Éric *était* amoureux d'elle.

Exactement comme Gary.

Ce qui voulait dire qu'il allait les tuer, Zach et elle.

21

— C'est encore loin ? gloussa Sandra. Ce bandeau est trop serré.

— Patience, Sandra, patience, répondit Zach, gentiment moqueur. On y est presque.

Sandra soupira, gigotant sur le siège de la voiture. De tous les plans qu'il lui avait faits, celui-ci était le plus grotesque.

D'abord, il était venu la chercher vêtu d'un costume sombre. Qui lui allait très bien, c'est vrai... mais Zach *détestait* les costumes. Puis il l'avait forcée à se mettre un bandana sur les yeux sous prétexte qu'il avait préparé une surprise pour son anniversaire.

Au début, elle avait cru qu'ils allaient quelque part près de chez elle ; chez Lise, par exemple. À une fête. Mais elle savait qu'ils avaient emprunté la voie rapide parce que la voiture roulait depuis un bon moment à vive allure.

— On arrive, murmura-t-il en ralentissant.

Un long virage à gauche expédia Sandra contre la portière.

— T'as intérêt à ce que ça en vaille la peine, prévint-elle avec un sourire.

— Ça en vaudra la peine, promit-il. Ne t'inquiète pas.

Ne t'inquiète pas. Sandra retourna ses mots dans sa tête. Comment pouvait-elle se permettre de ne pas s'inquiéter ?

Non... pas ce soir. Ce soir, elle devait oublier ses soucis, chasser Éric de ses pensées et prendre du bon temps. Elle l'avait à peine vu de la journée. Tous les autres au lycée lui avaient souhaité un bon anniversaire : Mallory, Jessy, Lise. Mais chaque fois qu'elle l'avait croisé, Éric avait fait semblant de ne pas la voir.

Elle s'était dit qu'il regrettait sans doute de lui avoir donné la chaîne.

La voiture s'arrêta. Zach coupa le moteur.

— Tu es prête? murmura-t-il.

Son souffle lui caressait l'oreille.

— Plus que prête.

Elle leva la main pour enlever le bandeau mais il la retint.

— Pas encore.

Elle pinça les lèvres en se laissant retomber contre le siège tandis que Zach quittait la voiture.

Il vint ouvrir de son côté, la prenant doucement par le bras.

— Attention.

Sandra sortit à son tour. Pendant une seconde, elle oscilla sur ses hauts talons, mais Zach la soutenait. Le vent du soir froissait doucement la longue robe noire qu'elle portait pour l'occasion.

— Est-ce que je t'ai dit que tu étais absolument superbe ce soir? murmura-t-il.

Elle sourit.

— À peu près dix fois. Mais tu peux continuer.

Il rit.

— Tu es superbe. Maintenant, viens avec moi.

Il la guida avec précaution.

Ses hauts talons claquaient contre l'asphalte. Ils devaient se trouver dans un parking.

Quelle était cette étrange odeur? De l'essence? Du gas-oil?

Zach lui lâcha le bras. Une lourde porte grinça et claqua derrière elle.

Elle sentit les doigts de Zach à l'arrière de sa tête. Le bandana tomba.

Elle cligna des paupières.

— Ta-ta-ta-ta! claironna-t-il.

Un instant aveuglée, Sandra plissa les yeux. Elle se trouvait dans une vaste pièce éclairée par de longs tubes au néon. Une pièce au sol souillé d'huile. Perplexe, elle fronça les sourcils.

C'était *quoi,* cet endroit ? Du coin de l'œil, elle aperçut un pont à voiture...

— *Un garage !* murmura-t-elle.

Pourquoi étaient-ils dans un garage ?

— C'est ici que je bosse, annonça Zach, souriant, avec un large geste de la main. Comme tu n'étais jamais venue, je me suis dit qu'il était temps que tu connaisses le lieu où je travaille.

Sandra eut un mouvement de recul vers la porte. Toutes ses inquiétudes, toutes ses peurs, toutes ses terreurs déferlaient à nouveau sur elle.

Penny était *morte* dans un garage.

Pourquoi Zach l'avait-il amenée ici ?

Pourquoi ?

22

— Alors, qu'en penses-tu ? demanda Zach.

— Je... je... bafouilla-t-elle, incapable de trouver ses mots.

— Viens, murmura-t-il.

Il ne semblait pas remarquer sa frayeur. La prenant par la main, il la conduisit vers un coin de la salle.

Elle découvrit une petite table recouverte d'une nappe dont le rouge luisait à la lueur des chandelles. Les chaises tapissées de velours – où avait-il déniché des chaises en velours ? – avaient l'air accueillantes... Deux couverts avaient été dressés avec des assiettes en porcelaine et des couverts en argent. Un bouquet de roses trônait au centre de la table. À côté de chaque assiette, se trouvaient deux petites boîtes provenant d'un traiteur chinois. Il y avait aussi une énorme radio-CD-cassettes ainsi qu'un support en métal sur lequel se trouvait un seau à glace en argent dans lequel baignait ce qui devait être une bouteille de champagne.

Il faut qu'on sorte d'ici, pensa Sandra, paniquée. C'est une horrible erreur.

— Notre petit restaurant privé, murmura Zach.

Ses doigts effleurèrent les bras nus de Sandra, puis il se dirigea vers l'appareil.

— J'ai même prévu de la musique romantique, annonça-t-il en appuyant sur un bouton.

Les accords tristes et doux de *Forever mine* retentirent dans le garage.

Comme dans mon rêve. Comme au magasin de disques. Ça recommence !

Zach se tourna vers elle et lui tendit les bras.
— On danse ?
— Non. Écoute-moi.
Sandra avait enfin retrouvé sa voix, même si celle-ci était méconnaissable.
— Zach... il faut qu'on sorte d'ici.
— Hein ? On vient juste d'arriver !
— Il va se passer quelque chose de terrible, Zach. Je le sens.
Il la prit dans ses bras.
— Il ne peut rien de passer de mal, lui murmura-t-il à l'oreille.
Il esquissa un pas de danse, tentant de l'entraîner, mais elle resta aussi figée qu'une statue.
— Personne ne sait que nous sommes là, reprit-il. Nous sommes tout seuls.
— Et Éric ? demanda-t-elle.
Il la contempla avec surprise.
— Comment veux-tu qu'il sache ? Crois-moi, Sandra, nous sommes parfaitement en sécurité.
— Je ne sais pas, fit-elle en tentant faiblement de se libérer de son étreinte.
Une partie d'elle avait tellement envie de rester là, de le croire, de danser...
— Chut, fit-il, apaisant. Détends-toi.
Elle amorça un pas.
— Là... c'est mieux.
— Zach, non, gémit-elle. Éric veut nous tuer. Il est amoureux de moi. Et jaloux de toi. Tu avais raison depuis le début à propos de ces accidents...
— Chut, répéta-t-il. Écoute la musique.
Elle voulait résister. Mais elle en était incapable. À chaque instant qui passait, le danger lui semblait plus lointain, moins réel. Et Zach était si proche...
— *Sandra !*
Elle s'arracha à Zach, le fixant avec stupéfaction.
— Éric, murmura-t-elle.
Zach avait pâli.

— Sandra ! appela à nouveau Éric depuis l'extérieur.

Où est-il ? se demanda-t-elle, affolée. Comment l'empêcher d'entrer ? Ses appels provenaient de l'arrière du bâtiment.

— Sandra !

Son visage apparut à la vitre de la porte de derrière.

Elle fit volte-face pour se précipiter vers la porte opposée.

— Le voilà ! s'écria-t-elle. Il vient pour nous tuer. Il faut qu'on sorte d'ici.

Elle attrapa la poignée de la porte et tira de toutes ses forces.

La porte ne bougea pas.

Elle essaya alors de la pousser.

Sans résultat.

— C'est fermé, hoqueta-t-elle.

Le cœur battant, elle se tourna vers Zach.

— On est pris au piège. Comme il y a quarante ans. Il n'y pas d'issue !

23

Dans un fracas de verre brisé et de bois éclaté, Éric défonça la porte.

— *Nooooonn!* hurla Sandra.

Elle recula contre le métal froid de la porte, sentit la poignée glacée s'enfoncer dans sa chair, déchirant sa robe, écorchant sa peau.

— Sandra... tu avais raison, dit Éric.

La porte brisée se balançait derrière lui, pendant à un seul gond.

Les derniers accords de *Forever mine* résonnèrent dans le silence.

— Éric, supplia-t-elle. Non!

— *Écoute!* cria-t-il. J'ai découvert la vérité aujourd'hui. Je suis allé à la bibliothèque pour consulter les journaux de l'époque. Je ne pensais pas trouver quoi que ce soit sur des jeunes morts dans un incendie. Je voulais te prouver que rien de tout ça n'était arrivé. Mais j'avais tort! C'était dans tous les journaux de 1958. Ça a fait les gros titres pendant des semaines, Sandra. Penny est morte ici, dans *ce* garage.

— Non! s'étrangla-t-elle. Tu mens! Le garage a entièrement brûlé.

— Ils l'ont reconstruit. Ici. Exactement au même endroit. Et ce n'est pas tout. Penny est morte le jour de son anniversaire. Le jour de ses dix-sept ans!

Sandra crut qu'elle allait s'évanouir. Tout ceci allait-il être vrai? Ou bien était-ce encore un de ses mensonges?

— Et ce n'est pas Gary Albertson qui a allumé le feu!

s'exclama Éric au comble de l'excitation. C'est *Paul!* Ton petit ami... C'est *lui* qui a mis le feu!

Il pointa le doigt vers Zach.

— Lui!

24

Zach ne répondit pas. Il attaqua.

Vif comme l'éclair, il bondit et assena un coup de poing à Éric.

Celui-ci tituba en arrière, accrochant au passage une espèce de longue barre de fer qui tomba à terre avec fracas. Sans quitter Zach des yeux, il la ramassa.

Sandra se mordit les lèvres.

C'était une énorme clé anglaise.

Avec horreur, elle regarda les deux garçons se tourner autour... tendus, tels deux fauves prêts au combat dans la lumière crue des néons. Maintenant plus que jamais, elle était frappée par leur ressemblance : leur chevelure noire en désordre, leurs yeux sombres et méfiants.

Zach frappa à nouveau.

Sandra cria.

Mais Éric l'évita. Il fit passer la lourde clé dans sa main droite.

— Sandra, tu dois me croire, supplia-t-il, au bord du désespoir. Je ne suis pas l'assassin. C'est Paul. Enfin, je veux dire... Zach.

Le poing de Zach fendit l'air, atteignant Éric en pleine poitrine. Chancelant, celui-ci brandit la clé devant lui, pour parer à une nouvelle attaque.

Sandra ne comprenait pas pourquoi Éric ne se battait pas. C'était lui qui tenait l'arme, après tout.

Il fouilla dans la poche arrière de son jean et en extirpa une feuille de papier.

— Voilà la preuve, cria-t-il en l'agitant en direction de Sandra. J'ai fait une copie de l'article. Tu verras. Je dis la vérité.

Zach tenta d'arracher la clé des mains d'Éric, qui la secoua violemment pour lui faire lâcher prise. L'outil leur échappa à tous les deux et s'écrasa au sol.

Déséquilibré, Zach partit la tête la première.

À cet instant, il était complètement vulnérable. Éric aurait pu l'assommer d'un seul coup sur le crâne.

Mais il ne le fit pas.

Sandra se demandait pourquoi Zach ne disait rien, ne démentait pas les accusations d'Éric.

— La vérité est dans le passé, Sandra ! cria Éric. Réfléchis, Sandra. Essaie de te souvenir !

Soudain, la pièce se mit à tournoyer. Sandra se prit la tête à deux mains.

***

S'adossant à sa chaise, Penny soupira.

Elle était plus heureuse qu'elle ne l'aurait jamais cru possible.

Le dîner avait été magique. Le verre en cristal devant elle était pratiquement vide. Les chandelles s'étaient consumées jusqu'à leur base, dispensant une faible lueur dans le garage qui n'avait jamais paru aussi romantique, aussi accueillant.

C'était un anniversaire de rêve.

L'univers entier semblait se réduire à cette table, à cette célébration. Rien d'autre n'existait. Rien qu'eux deux.

— Qu'est-ce qui tu fais ? demanda-t-elle en fixant la chaise vide devant elle. Reviens, ajouta-t-elle, un sourire aux lèvres. Tu me manques.

— Attends, répondit une voix dans l'obscurité. J'essaie juste de trouver une station qui passe un truc sympa.

Des grésillements se firent entendre, suivis par une jolie mélodie.

— *Forever mine !* s'écria Penny. Notre chanson ! Je n'arrive pas à y croire.

Un doux rire flotta vers elle.
— Si tu veux la vérité, j'ai appelé la station et je leur ai demandé de la passer. J'ai dit que c'était pour ton anniversaire.
C'était la plus délicate attention qu'on eût jamais eue à son égard.
— Merci, murmura-t-elle.
— Tout le plaisir est pour moi. Madame veut danser?
Elle sourit à nouveau.
— J'ai bien cru que tu n'allais jamais le demander.
Repoussant sa chaise, elle se leva et se tourna vers lui.
Il émergea de l'obscurité, radieux.
Penny se sentit fondre.
Le simple fait de regarder son visage la faisait frissonner. Ces yeux profonds, sensibles. Ce nez droit. Cette mâchoire carrée. Ces cheveux bouclés. Il était beau... indéniablement. Elle s'en était rendu compte dès le premier instant où elle était entrée dans ce garage, dès qu'elle avait posé les yeux sur lui.
Gary Albertson était fait pour elle... son seul et unique amour.
— Viens, murmura-t-il.
Elle se blottit dans ses bras. La musique les enveloppa. Elle ferma les yeux, enfouit le visage contre son épaule tandis qu'ils commençaient à danser lentement.
— Je t'aime, Penny.
— Je t'aime, moi aussi.
Elle se rendit soudain compte qu'elle ne l'avait jamais dit à Paul. Durant tous ces mois où ils étaient sortis ensemble, elle n'avait jamais prononcé ces trois mots. Mais dire « je t'aime » à Gary semblait si facile, si naturel.
Elle avait perdu tellement de temps.
Finalement, elle avait pris la bonne décision. Cela avait été douloureux mais elle l'avait fait. Elle avait quitté Paul pour le garçon de ses rêves.
— Penny?
Gary s'était arrêté de danser. Les sourcils froncés, il reniflait.
— Quoi? dit-elle, rêveuse.
— Tu ne sens rien? On dirait de la fumée.

⁂

— Sandra !

Les yeux de Sandra s'ouvrirent d'un seul coup.

Haletant, Zach se trouvait devant elle... en nage, le costume déchiré, le visage crispé.

Éric se tenait non loin de là, serrant la clé dans sa main.

Elle recula, et heurta de nouveau la poignée de la porte.

— *Toi,* murmura-t-elle. C'était *toi.*

— C'était *quoi* moi ? demanda Zach.

— *Tu* étais l'assassin. Tu as failli me faire croire que c'était Éric mais en réalité, c'était *toi.*

Il secoua la tête.

— Sandra, de quoi tu parles ? Tu sais que je ne pourrais jamais te faire de mal. Ni maintenant ni jamais !

— Quand tu étais sous hypnose, tu as dit qu'on était ensemble ! s'écria Sandra. Tu l'as *admis !* Tu étais Paul. Et c'est Paul qui a allumé le feu. Tu n'as pas supporté que Penny te laisse tomber. Alors, tu as provoqué l'incendie dans lequel nous sommes morts. C'était *toi !*

Sans un mot, Zach tendit les bras vers elle.

25

— Ce n'est pas vrai, Sandra, se défendit Zach en l'agrippant par les épaules. Je ne t'ai jamais fait le moindre mal.

Éric bondit.

— Lâche-la !

À nouveau, ils se mirent à décrire des cercles l'un autour de l'autre.

Sans les quitter des yeux, Sandra s'éloigna, le dos collé au mur. Elle se cogna violemment à une grande étagère sur laquelle étaient posés des bidons. Plusieurs d'entre eux s'écrasèrent sur le béton. Une espèce d'huile épaisse, gluante se répandit sur le sol, emplissant la pièce d'une odeur forte.

— Attention, Sandra ! avertit Zach. Ça s'enflamme comme un rien, ces trucs.

Sandra progressait lentement vers la table, mais son esprit fonctionnait à toute allure. Elle devait trouver un moyen de distraire l'attention de Zach suffisamment longtemps pour qu'Éric puisse s'échapper.

— Pourquoi tu ne te bats pas ? demanda Zach à Éric.

Il jeta un rapide coup d'œil vers la table avant de se concentrer sur son adversaire.

— Tu sais que c'est toi qui as mis le feu, reprit-il. Sinon, comment aurais-tu su où nous trouver ?

— Je l'ai deviné, répondit Éric sans le lâcher des yeux. Je savais que tu travaillais dans un garage. J'ai simplement fait le pari qu'il s'agissait du même qu'il y a quarante ans. Et j'ai eu raison. J'ai foncé ici pour empêcher que l'histoire ne se répète.

— Pourquoi m'as-tu menti, Zach ? demanda Sandra. Si tu tiens tellement à moi, pourquoi as-tu menti ?

Il secoua la tête.

— Je ne t'ai pas menti. Je t'ai dit qu'on sortait ensemble. C'est ce que j'ai vu quand j'étais sous hypnose. C'est la vérité. J'étais avec toi.

— La ferme ! aboya Éric. Boucle-la, Zach ! Arrête de raconter des salades. C'est fini.

Sandra eut une grimace d'amertume.

— Je te hais, Zach, murmura-t-elle. J'aurais voulu ne jamais t'avoir rencontré... ni maintenant, ni il y a quarante ans, ni *jamais*.

Zach se rapprocha de la table.

— Ne dis pas ça ! supplia-t-il. Tu te trompes.

— Non, je ne me trompe pas ! insista-t-elle. C'est la vérité !

Il se tourna vers elle, les yeux remplis d'effroi.

— Non...

Éric le frappa dans le dos avec la clé.

Zach lâcha un cri bref avant de s'écrouler.

Éric bondit. S'emparant d'une corde pendue au mur, il entreprit de lui lier les poignets.

Zach ouvrit les yeux.

Éric le hissa sur une chaise.

— On va t'emmener à l'hôpital, promit-il en lui attachant les chevilles aux pieds de la chaise. Mais d'abord, je dois m'assurer que tu ne peux plus nous faire courir le moindre risque.

— T'es cinglé, marmonna Zach.

Sa tête retomba sur sa poitrine.

— Je vais amener ma voiture à la porte, dit Éric à Sandra. Ça va aller ?

Elle acquiesça.

— Dépêche-toi.

Elle s'adossa au mur. Le cauchemar était terminé. Enfin ! Comment avait-elle pu se tromper à ce point sur Éric ? C'était incroyable. Depuis le début, c'était Zach le meurtrier.

Elle fixa son petit ami affalé sur la chaise, se demandant pourquoi il avait voulu la tuer une deuxième fois en provoquant tous ces « accidents ».

La porte de derrière grinça. Il a fait vite, se dit Sandra. Elle était impatiente de monter dans la voiture, de quitter ce garage à jamais. Elle se tourna vers la porte et se figea de surprise.

— Mallory ! Qu'est-ce que tu fabriques ici ?

Mallory pénétra dans le garage sans répondre. Elle jeta un coup d'œil à la table, toujours illuminée par les chandelles. Puis elle contempla Zach, réduit à l'impuissance sur la chaise.

— Tu l'as attaché ! s'exclama-t-elle.

— Oh, Mallory, tu ne croiras jamais ce qui s'est passé !

— Tu as raison. J'ai du mal à y croire. C'est trop génial.

— Trop génial ? Que veux-tu dire ? fit Sandra, abasourdie.

Mallory l'ignora et se tourna vers Zach.

— Alors, Gary, qu'est-ce que ça te fait ? Tu as encore perdu.

— Gary ? répéta Sandra. Ce n'est pas Gary. C'est Paul. Tu ne te rappelles pas ? Il disait qu'il sortait avec Penny. C'est Paul qui a mis le feu en 1958. C'est lui qui a incendié le garage.

La flamme des chandelles se reflétait dans les yeux luisants de Mallory.

— Ma pauvre Penny ! Tu as tout compris de travers. Comme d'habitude.

— Co... comment ça ? balbutia Sandra. Que veux-tu dire ?

— Tu ne comprends toujours pas ? ricana Mallory. Zach n'est pas Paul. Paul, c'est *moi*.

26

Mallory sortit un petit objet de sa poche. Une boîte d'allumettes.

— Ce n'est pas drôle, protesta Sandra. Mallory, arrête, tu me fais peur.

Mallory contemplait les allumettes, songeuse.

— Ça n'a pas été facile, tu sais, commença-t-elle. Je ne voulais pas mettre le feu au garage. Non. D'ailleurs, après, je n'ai plus supporté de vivre en ayant fait cela.

Un regard glacé vers Sandra.

— Je me suis tiré une balle dans la tête.

— Voyons, Mallory... Comment aurais-tu pu être Paul ? Tu es une fille.

Mallory eut un rire bref.

— Oh, enfin, Penny ! Tout le monde sait que l'esprit ne change pas, quel que soit le corps qu'il occupe.

Zach leva la tête et dévisagea Mallory.

— Elle dit la vérité, murmura-t-il. Ces yeux...

Il se tourna vers Sandra.

— Ce sont les yeux de la personne que j'ai vue sous hypnose. Tout le reste est différent mais les yeux sont les mêmes.

Sandra le crut. Tout en Mallory était si différent à présent... sa façon de parler, la haine sur son visage.

— Depuis quand ? demanda-t-elle. Depuis quand sais-tu que tu étais Paul autrefois ?

— Depuis toujours. Mes rêves me le disaient sans cesse.

Mallory ouvrit la boîte d'allumettes.

— Et toute ma vie, j'ai su que j'avais une mission à

accomplir. Je devais corriger l'erreur que j'avais commise dans ma vie précédente.

— Mais tu n'avais pas commis d'erreur, objecta Sandra.

Tout en parlant, elle se rapprochait lentement de la chaise de Zach. Il fallait qu'elle le détache. Il fallait qu'ils sortent d'ici.

— Tu nous as tués. Tu as réussi.

— Non. J'ai été faible, répliqua-t-elle. Je me suis tuée aussi. Cette fois encore je vais vous tuer, mais j'ai l'intention de continuer à vivre ensuite. Tu ne valais pas la peine qu'on meure pour toi, Penny.

Elle sourit.

— Cela dit, je suis contente que tu saches vraiment à quoi t'en tenir. Toi aussi, Gary. Autrement, ma vengeance n'aurait pas été aussi totale. Maintenant, vous savez pourquoi je vous hais.

Fais-la parler, se disait Sandra. Distrais-la jusqu'au retour d'Éric. Ou jusqu'à ce que Zach soit détaché.

— C'est pour ça que tu tenais tant à m'hypnotiser? demanda-t-elle.

Les bras ballants, elle se mit à tripoter discrètement la corde qui liait les poignets de Zach.

— Exactement, Penny. Tu commences à comprendre...

Mallory souleva un bidon d'essence.

— Mais encore une fois trop tard. Tu n'auras pas le temps de le libérer.

Elle versa l'essence selon une ligne qui séparait Sandra et Zach du reste de la pièce, les emprisonnant.

— Non! s'étrangla Zach. Arrête!

— La ferme, Gary.

L'affolement gagnait Sandra. La retraite vers la porte de derrière était coupée. Et la porte de devant était verrouillée. Ils n'avaient aucune issue. Si Mallory mettait le feu à l'essence, ils seraient pris au piège!

— Andrea était ta complice? demanda-t-elle. Tu l'as utilisée pour m'obliger à me souvenir?

Mallory éclata de rire.

— Andrea? Sûrement pas! Elle n'a pas la moindre idée de la

vérité. Mais elle m'a bien aidée. Je voulais que Gary et toi sachiez pourquoi vous deviez mourir. Mais vous étiez si stupides ! Vous n'arrêtiez pas d'accuser Éric. J'avais besoin que vous sachiez que c'était *moi*.

Les mains tremblantes, Sandra essayait toujours de dénouer les liens qui retenaient Zach.

— C'est toi qui as provoqué tous ces accidents ?

Mallory sourit.

— Ouais. C'était marrant. Et sortir avec Éric me facilitait les choses. Je pouvais traîner chez toi – trafiquer la prise, la porte du garage sans que tu te doutes de rien. Je disais simplement à Éric que j'allais te voir cinq minutes. C'était si simple.

— Très malin de ta part. Tu m'as vraiment fichu la trouille... et tu m'as obligée à me souvenir de Penny. Mais pourquoi recommencer ? Pourquoi nous tuer à nouveau ?

Mallory frotta une allumette.

Sandra laissa échapper un cri de frayeur. Frénétique, elle s'acharna sur les nœuds.

Mallory tenait l'allumette devant ses yeux. Elle semblait fascinée, hypnotisée par la petite flamme.

— Je pensais que je connaîtrais la paix, murmura-t-elle. Mais non. Je me suis retrouvée dans cette nouvelle vie avec le souvenir de l'ancienne. Ici, à Shadyside. Je m'appelais Mallory mais, à l'intérieur, j'étais toujours Paul.

Tandis qu'elle parlait, Sandra surprit un léger mouvement derrière elle.

Éric !

Il lui fallut faire appel à tout son sang-froid pour ne pas hurler son nom, pour ne pas le regarder.

— Mais tu as eu une nouvelle chance, une nouvelle vie, argumenta-t-elle. Tu aurais pu repartir de zéro. Pourquoi veux-tu encore nous faire du mal ? Pourquoi éprouves-tu le besoin de répéter le passé ?

Éric croisa le regard de Sandra et hocha la tête pour lui indiquer qu'il comprenait. Il s'approcha de Mallory lentement, silencieusement.

Celle-ci quitta l'allumette des yeux pour toiser Sandra.

— Parce que ma haine n'est pas morte, cracha-t-elle. Tu m'as trahie, Penny. Vous m'avez trahie ! Et je vous haïrai tous les deux... dans toutes mes vies.

Éric la saisit par derrière. Elle hurla de surprise.

Sandra ne lâchait pas l'allumette des yeux. Elle la fixait tandis que Mallory levait les bras pour se débattre. Elle la fixait quand elle lui échappa.

Et atteignit le sol.

Couvert d'essence.

Le garage s'embrasa.

27

Les flammes filèrent à une vitesse ahurissante le long de la traînée d'essence, dressant un mur de feu entre Sandra et Mallory.

Celle-ci poussa un hurlement.

L'allumette avait frôlé le bas de son jean.

Horrifiée, Sandra vit les flammes grimper le long du tissu, tandis que Mallory hurlait de plus belle, se tordant frénétiquement, se frottant en vain les cuisses et le ventre pour se débarrasser des flammes.

Sandra regardait son ancienne amie, tétanisée. Elle avait l'impression de sentir la chaleur des flammes sur son propre corps. D'un bond, Éric s'écarta de Mallory, le bras plié pour se protéger le visage.

— Sandra, sauve-toi ! hurla-t-il. Saute par-dessus les flammes ! Vite !

Mais elle était incapable de bouger. Elle ne pouvait s'arracher à la contemplation de Mallory transformée en torche vivante. Elle allait mourir comme Penny était morte.

— Sandra ! cria Zach.

Elle sursauta, vit Éric saisir Mallory par les cheveux pour l'écarter du brasier.

— *Détache-moi !* hurla Zach.

Elle fit volte-face et se mit à tirer sur les cordes.

Une forte détonation retentit... Un bidon d'huile de moteur venait d'exploser.

— Tout le bâtiment va brûler, gémit Zach. Tout est inflammable dans cette saloperie de garage !

Sanglotant, Sandra s'acharnait sur les nœuds. Elle chercha Éric du regard. De l'autre côté du mur de feu, il tentait d'étouffer les flammes qui enveloppaient Mallory à l'aide de son blouson.

Les cris de souffrance de celle-ci dominaient le crépitement du feu.

Complètement affolée, Sandra aperçut alors la grosse clé par terre, au pied des flammes.

Elle abandonna sa lutte inutile avec les cordes pour se précipiter vers l'outil qu'elle ramassa... et relâcha aussitôt avec un cri de douleur. Le métal était brûlant.

À nouveau, elle chercha autour d'elle. Là ! Un chiffon sale pendait à l'établi, près d'une vieille Cadillac.

Elle s'enroula la main dans le chiffon et ramassa la clé. Elle courut vers la voiture et en fracassa le pare-brise.

Des échardes de verre volèrent en tous sens.

Trois déflagrations successives retentirent : trois bidons de peinture entreposés sur l'étagère venaient de s'enflammer. Le feu prenait de l'ampleur rapidement. Une épaisse fumée noire, suffocante, emplit le garage. Sandra ne voyait plus Éric ni Mallory.

— Sandra !

La voix de Zach retentit faiblement.

— J'arrive. Tiens bon !

Elle fouilla le sol au pied de la voiture, distinguant à peine les éclats de pare-brise. Finalement, elle mit la main sur une écharde assez longue. Elle revint vers Zach.

Il ne bougeait plus.

— Non ! s'écria-t-elle. Zach, réveille-toi ! Il faut que tu m'aides !

— Penny ? marmonna-t-il.

— Oui, Gary, c'est Penny ! Réveille-toi... tu dois m'aider à nous sortir d'ici.

Elle s'agenouilla derrière la chaise pour scier la corde avec le morceau de verre. La fumée était dense. La sueur ruisselait sur son visage.

Je ne tiendrai pas très longtemps.

La corde céda enfin. Sandra sanglota de soulagement quand Zach se libéra les mains et se pencha pour détacher ses chevilles.

Se redressant, Sandra jeta un regard vers la porte de derrière. Elle apparaissait de temps à autre, flottant derrière une mer de flammes.

— C'est fichu, murmura-t-elle. On est prisonniers. Comme la dernière fois. On va mourir.

— Non, dit Zach en se débarrassant du dernier bout de corde et en se redressant. On va trouver un moyen.

— Il faut traverser en courant.

Il secoua la tête.

— On n'y arrivera jamais. On ne voit même plus la porte.

— On n'a pas le choix, insista Sandra. Viens.

Le prenant par la main, elle l'entraîna vers la table où la porcelaine, l'argenterie et les deux petites chandelles toujours allumées semblaient complètement irréelles au milieu de l'incendie qui faisait rage.

Sandra sortit la bouteille de champagne du seau. La chaleur avait fait fondre la glace. Tant mieux, pensa-t-elle. D'un revers du bras, elle balaya les plats et les couverts et s'empara de la lourde nappe. Elle la plongea entièrement dans le seau à glace.

Elle se tourna vers Zach, dont les yeux démesurés étaient emplis de frayeur.

— Je me souviens, maintenant, murmura-t-il. Je me souviens de tout avec toi, Penny.

— Moi aussi, répondit-elle. Je t'aime, Gary.

— Je t'aime aussi, Penny.

— Allons-y !

Zach l'entoura de son bras et ils s'enveloppèrent tous deux dans le linge mouillé. Ensemble, ils se jetèrent dans les flammes.

La fumée piquait les yeux de Sandra. Ses chaussures commençaient à brûler tandis que les flammes rugissaient furieusement autour d'elle.

Comme la dernière fois. La chaleur... Je fonds... je fonds...

Elle se sentit perdre conscience. Le bras de Zach abandonna son épaule.

Les flammes étaient aveuglantes. De plus en plus aveuglantes.

Puis tout devint noir.

28

— Sandra. Sandra, réveille-toi.

Penny ouvrit les yeux et scruta le garçon penché au-dessus d'elle. Qui était-ce ? Il avait l'air si inquiet. Pourquoi l'appelait-il Sandra ?

— Sandra, tu vas bien ? demanda le garçon.

Il avait quelque chose de familier. Je le connais, se dit Penny. J'en suis sûre. C'est... Éric !

Penny referma les yeux et les souvenirs des derniers jours – et d'une autre vie – déferlèrent en elle. *Je suis Sandra, maintenant. Penny n'existe pas dans cette vie.*

Elle se redressa en sursaut.

— Éric ! Où est Zach ?

— Du calme, dit-il. Ne bouge pas. Tu es encore sous le choc. Zach va bien. Il est à côté, dans l'ambulance.

— Et Mallory ?

— Je l'ai sortie de là et j'ai appelé les pompiers, expliqua Éric. Zach m'a dit que tu l'avais libéré. Lorsque je suis revenu pour vous aider, j'ai juste eu le temps de vous voir sauter dans les flammes. Tu as perdu conscience dès que tu en es sortie.

Sandra secoua la tête, elle ne comprenait rien. L'incendie était-il éteint ? Étaient-ils vraiment sains et saufs ? Cela semblait si irréel.

Soudain, Zach fut devant elle, les cheveux roussis et les vêtements noirs de cendre. Il la prit dans ses bras.

— On est libres, Sandra, lui murmura-t-il à l'oreille. C'est fini... pour de bon cette fois-ci.

⁂

— Je regrette tellement d'avoir attaché Zach, dit Éric.

— Oui... on s'est trompés tous les deux, acquiesça Sandra.

Ils étaient assis côte à côte dans la salle d'attente de l'hôpital de Shadyside.

Sandra commençait tout juste à se rendre compte de la chance qu'ils avaient eue. Surtout Éric. Il ne souffrait que de quelques brûlures au second degré sur les mains. Zach était plus sévèrement touché aux jambes. Mallory était dans un état stationnaire. Ses brûlures n'étaient pas aussi graves que les médecins l'avaient d'abord cru.

— Je n'en reviens toujours pas que tu aies deviné où nous étions, dit Sandra à Éric. Tu m'as sauvé la vie. À Zach aussi.

Il baissa les yeux, tripotant ses bandages sur les mains.

— Il fallait que je fasse quelque chose. Je ne voulais pas que tu penses que tu vivais avec un meurtrier.

Sandra soupira.

— Tu sais quoi? Je ne t'ai même pas remercié pour ton cadeau d'anniversaire.

— C'est... c'est pas grave. Je veux dire, maintenant que c'est terminé, et que le passé est le passé, peut-être que toi et moi on peut recommencer de zéro.

Elle sourit.

— Ça me plairait. Ça me plairait beaucoup même.

Quelqu'un toussa derrière eux.

— Excusez-moi.

Un homme en blouse blanche se tenait sur le seuil de la pièce.

— Vous pouvez voir votre ami Zach, maintenant. Il va bien.

Ils se levèrent et suivirent le médecin.

— Je lui dois de sacrées excuses, observa Éric.

— Lui aussi t'en doit.

Un peu plus loin dans le couloir, Sandra demanda :

— Est-ce que tu t'es jamais demandé si tu avais été quelqu'un d'autre dans une vie antérieure?

— Non. Jamais.

— Tu devrais peut-être, suggéra-t-elle. Ça pourrait expliquer pourquoi tu collectionnes tous ces vieux disques et ces vieux magazines.

Éric sourit.

— Je devais être un mec super cool qui aimait lire et jouer du rock and roll !

Ils riaient aux éclats en ouvrant la porte de la chambre.

— Hé... qu'est-ce qu'il y a de si drôle ? demanda Zach.

Déjà parus dans la collection Peur Bleue

CHRISTOPHER PIKE

Un squelette sous la mer - 4520/G
Diaboliquement vôtre - 4521/G
Week-end fatal - 4525/G
Scénario macabre - 4532/G
Dernier acte - 4620/G
La chaîne de la mort - 1 - 4644/E
La chaîne de la mort - 2 - 4723/E

NICHOLAS PYNE

Terror Academy :
1 - Court-jus - 5030/E
2 - Sous le choc - 5083/E
3 - Seize printemps - 5200/F
4 - Cours du soir - 5290/F
5 - Panique au collège - 5363/F
6 - Fou à lier - 5443/F

SINCLAIR SMITH

Le jour où je suis morte - 5479/E

R.L. STINE

Pari mortel - 4518/E
La chambre condamnée - 4519/E
La tombe sauvage - 4530/E
Coupés du monde - 4534/E
Halloween Party - 4622/E
Dans la peau d'une autre - 4671/E
Malédictions :
1 - La trahison - 4768/E
2 - Le secret - 4833/E
3 - Le brasier - 4896/E
Le bal de la mort - 4900/E
Lettres anonymes - 4939/E
Piège infernal - 4988/E
Dans le silence de la nuit - 1 - 5004/E
Dans le silence de la nuit - 2 - 5046/E
Chambre noire - 5084/F
Tapi dans l'ombre - 5113/E
La confession - 5222/F
Les murs ont des oreilles - 5242/F
Par un soir de pleine lune - 5271/F
Mauvais farceur - 5316/F
Le baiser de la mort - 5344/F
Portrait d'outre-tombe - 5381/F
Tel est pris qui croyait prendre - 5433/F
Le garçon d'à côté - 5448/F
Rescapés - 5451/F
Le pendentif maléfique - 5478/F

5517

Composition Euronumérique
Achevé d'imprimer en Europe (Allemagne)
par Elsnerdruck à Berlin
le 20 mars 2000.
Loi n° 49-956 du 16 juillet 1949
sur les publications destinées à la jeunesse
Dépôt légal mars 2000. ISBN 2-290-30227-9

Éditions J'ai lu
84, rue de Grenelle, 75007 Paris
Diffusion France et étranger : Flammarion